Non crediate che il destino sia qualcosa di più
della densa stagione dell'infanzia.
Rainer Maria Rilke

A quarantasette anni fatico
a staccarmi dalla giovinezza,
i miei ricordi sono laggiù, e anch'io.
Teresa Ciabatti

Le fotografie sono piatte, hanno due dimensioni, sono ferme, cristallizzano un momento di vita. Però le fotografie, quando le guardi con occhi che sanno guardare, ti travolgono di ricordi oppure di immagini altre e allora acquistano profondità e movimento, persino un odore, raccontano una storia che stravolge la linea ordinata del tempo e danno voce al non detto. La superficie piana ondeggia, si increspa e tu afferri un solo piccolo particolare da niente, un cappotto di tweed, uno sguardo, un aeroplano e ti tuffi dentro, come un palombaro.

pf

Tuffi di superficie

Estate, una giornata come tante nella Sardegna più selvaggia, affacciata sul grande mare aperto. Il sottile equilibrio della sopravvivenza è una fotografia scattata dagli occhi.

Sono sempre stata una brava nuotatrice, senza paura. Quando mi capitava di leggere di gente affogata d'estate col mare appena un po' più gonfio del solito, davvero non riuscivo a capire. Soprattutto se a morire non erano bambini o vecchi, ma uomini nel pieno degli anni e del vigore fisico. La forza del mare non l'avevo mai capita fino in fondo. E invece una volta è successo anche a me di stare per annegare e se mi sono salvata è stato soltanto perché, non so come, ho intuito che al mare non bisogna opporsi, come verrebbe d'istinto, ma assecondarlo, inchinarsi alla sua potenza, lasciarsi andare.

Era estate, c'era un po' di vento, ma il sole scaldava la pelle, una giornata come tante nella Sardegna del Sud-ovest, quella più selvaggia, affacciata sul grande mare aperto.

Non siamo ancora arrivati che mio figlio si tuffa, succede sempre così, l'acqua per lui è irresistibile. Io sistemo le cose, l'asciugamano, le borse, mi svesto, resto in costume, le infradito ai piedi. Poi chiacchiero con gli amici che vedo una volta l'anno, le ragazze mature dell'isola che si spalmano via, insieme alla crema, la solitudine inutile dell'inverno, la birra in mano sotto l'ombrellone, e poi oggi c'è anche Simone che non lo vedo mai e per caso quel giorno è lì, parliamo di Parigi, del nuovo ristorante che aprirà. Ogni tanto con la coda dell'occhio sto attenta al mio bambino, una testa tra le onde, non lontano dalla riva. Non sembra che ci sia niente di strano, una giornata di mare come tante, a parte il vento che ti frusta un po' con la sabbia che solleva, ma non dà troppo fastidio. Ci si abbronza senza fatica e senza sudare.

Poi d'improvviso succede che c'è un capannello di gente sulla riva, proprio là dove il mare bacia la terra e l'onda si infrange, vedo braccia che si muovono, ma, anche se non sono lontana, non sento le voci, il vento fischia forte, le porta via, però le immagino perché le mani sventolano, si agitano, le bocche si muovono. E vedo anche una ragazza, sola, che esce dall'acqua come una sopravvissuta e si butta sulla sabbia sfinita. Mi avvicino, ma ancora non capisco bene. Mio figlio è sempre a due bracciate dalla riva, mi sembra quasi di toccarlo: «Esci» gli urlo «esci subito», e sono quasi arrabbiata.

«Non ce la fa, non ce la fa» dicono in coro intorno a me. Ma come? Mi chiedo io, è a riva. E allora mi inoltro decisa nell'acqua, le infradito marroni ancora ai piedi, gli tendo la mano e invece sprofondo nel mare e quasi non capisco più niente. È un gorgo, un mulinello che mi spinge a fondo ogni volta che cerco di risalire, uno scontrarsi di acque diverse che battagliano di sotto e io ci sono in mezzo e anche mio figlio. Siamo a pochi centimetri l'uno dall'altra, eppure non riusciamo a raggiungerci, ogni movimento ci riporta indietro e poi sotto, a sbattere sugli scogli, invece di avvicinarci. Ricordo che pensavo: non devo perdere le ciabatte, l'alluce e il secondo dito assurdamente, inutilmente stretti alle infradito, come se in quel momento fosse la cosa più importante, e intanto cercavo di raggiungerlo, gli urlavo: «Stai calmo, arrivo, dammi la mano» e poi sprofondavo. A due bracciate dalla riva. La gente schierata ci dava indicazioni: «Di qua, di là» e non si muoveva. Poi non so come, con le gambe e con i piedi, riesco a dargli un calcio forte e poi ad afferrarlo, con la mano, e a spingerlo, quasi a lanciarlo, come fosse una palla verso una roccia che sfiorava l'acqua ed era già quasi terra ferma. «Aggrappati» gli urlo col fiato che già mi manca «non lasciare le mani e striscia fuori». E così lui fa, è tutto scorticato, ma salvo. E più lui si avvicinava alla terra, più il mare mi portava al largo e andavo sotto e poi tornavo su e per quanto cercassi di nuotare verso riva, non mi spostavo di un metro e anzi mi allontanavo. Combattevo come una furia, ma stavo perdendo. Vedevo la riva vicina, tutta la gente che urlava, mulinava le braccia, ma quasi non sentivo più le loro voci, vedevo le villette delle vacanze, bianche, schierate in alto, una vicina all'altra, e poi il cielo e gli alberi e il sole. Ho fotografato tutto, così vicino, ma così irraggiungibile. Ho pensato: finisce qui, con questo sole negli occhi, il rumore del vento e del mare, queste case di cattiva fattura, queste braccia agitate, ma al sicuro sulla terraferma. Ho lasciato andare un'infradito, persa nel mare, poi mi sono lasciata andare anche io, abbandonata, nelle orecchie soltanto il suono dell'acqua che guerreggiava. Ed è stato in quel momento che mi sono salvata. Smettere di combattere mi ha fatto recuperare le forze e il respiro. Ho galleggiato, sono stata sbattuta avanti e indietro, fino a che, come mio figlio, mi sono aggrappata a una roccia e poi gli uomini, dalla riva, hanno fatto una catena di braccia e mi hanno teso una mano. Mi sono buttata sulla sabbia a peso morto, il costume strappato, un'infradito ancora stretta nella mano destra, e ho ripreso fiato a fatica, con la gente intorno che si agitava. «Ne son già morti nove quest'anno in questo tratto di mare» ho sentito dire da lontano.

Dopo molte ore, quando il cuore ha ripreso a battere regolare e io finalmente ho capito che la terra stava sotto di me e ancora dentro di me, il mare silenziosamente mi ha restituito l'infradito sinistra.

E la sera sono tornata a casa con tutte e due le ciabatte ai piedi.

prima

Venticinque ore al giorno

Un cappotto fuori moda, lungo fino a metà polpaccio.

“Ti penso venticinque ore al giorno” è la frase d’amore più bella che mi sia mai stata detta e ancora adesso resta insuperata, la pietra miliare dell’amore. Anche mio figlio lo sa e ogni volta ridiamo perché io gli chiedo: «Da uno a dieci quanto mi vuoi bene?» Lui mi risponde: «Dieci» e poi si aspetta immancabilmente che io ribatta: «Nooo, devi dire undici, è questa la regola, l’amore è più del possibile». Ma i bambini sono concreti.

“Ti penso venticinque ore al giorno” me l’ha scritto Domenico tanti anni fa, era il 1985. Aveva un cognome importante, un po’ nobile, che però qui non dirò, e abitava a Savona. Io all’epoca avevo diciott'anni, non di più, facevo il liceo, la vita spalancata davanti, la voglia e la paura di morderla. Lui invece ne aveva ventisei, era all'università, stava per laurearsi in Lettere, un altro mondo, esotico. Quando si è poco più che adolescenti gli anni sono distanze che paiono quasi invalicabili e quelle distanze si affrontano con l'attitudine dell'esploratore avventuroso. L'ho conosciuto tramite un annuncio che avevo messo su una rivista modaiola dell'epoca, l'anno prima; c'era una rubrica per conoscersi, a quel tempo si faceva così, e io avevo scritto che mi sarebbe piaciuto conoscere qualcuno. Evidentemente era un annuncio che si distingueva perché ho ricevuto tante lettere, da tutte le parti d'Italia, all'inizio rispondevo a tutti, quasi un lavoro, mi sono buttata in un'umanità lontana che si disegnava attraverso le parole e la fantasia, ma poi via via ho selezionato. Anche allora ero interessata alla bella scrittura, alla grammatica rispettata e un apostrofo messo male era sufficiente per farmi dire che no, non era la persona per me, non ne valeva la pena. Domenico era diverso, davvero interessante, si capiva subito, scriveva bene, lunghe lettere con una scrittura fine e precisa, sempre stampatello, ma uno stampatello aggraziato, quasi non te ne accorgevi. Avevamo molti interessi in comune, la musica ad esempio, e i libri. All'inizio ci si scriveva al buio, lui non sapeva che faccia avevo io e io non sapevo com'era la sua, però era bello lo stesso, ci si conosceva attraverso le parole, i pensieri, il modo di scrivere e di raccontare. A dirlo adesso sembra un altro mondo, però io le lettere di Domenico le aspettavo sempre col fiato sospeso e quando arrivavano aprivo la busta già per le scale e per prima cosa contavo le pagine per assicurarmi che fosse una lettera lunga nella quale affogarmi. Poi, dopo un po' di tempo, c'è stata la voce. Abbiamo cominciato a telefonarci e la sua voce era bella e a lui era piaciuta la mia. Telefonate lunghissime, di pomeriggio, quando i miei erano al lavoro e io in casa da sola, all'apparecchio fisso a parlare di tutto e di niente, anche a stare zitti, respirare insieme, c'erano così tante cose da scoprire persino nei silenzi. Io mi sdraiavo sul tappeto in corridoio, la testa a guardare il soffitto e parlavo, parlavo, raccontavo di me, delle mie giornate, dei libri che leggevo, della musica che ascoltavo. Mi sentivo piena, mi toccavo il corpo come se le mani fossero le sue. Lui mi raccontava della casa in campagna, nell'entroterra ligure, dove scappava appena poteva e dove avrebbe voluto vivere per sempre, un po' bohémien, mi parlava del suo castagno, del prato sul quale si stendeva a guardare le stelle e a bere birra, e poi mi diceva della sua famiglia, che era una famiglia all'antica, con un padre tutto d'un pezzo e lui, che era figlio unico, ne era completamente succube. E più il tempo passava, più ci facevamo intimi, depositari dei segreti l'uno dell'altra, le parole si facevano sciolte e spudorate e noi diventavamo l'uno all'altra necessari come l'aria. Ci siamo scambiati le foto. Ho scoperto che aveva i capelli ricci, neri, e un paio di baffi sottili, mi sembrava un uomo, grandissimo. Nella fotografia che mi aveva spedito indossava una giacca marrone chiaro sopra i jeans e abbracciava una chitarra. Ho visto i peli neri che spuntavano dalle maniche della giacca e lambivano il polso, sottile. Io a lui ho mandato una foto della gita a Venezia con la scuola, la mia faccia un po' sperduta e persa dietro la vetrina, al tavolino di un bar, il k-way azzurro stretto fino al collo, fuori pioveva. Me l'aveva scattata Sabrina, io manco me n'ero accorta e forse era proprio per questo che mi piaceva così tanto, perché era una foto rubata, e io non ero in posa. Non sono mai stata fotogenica, però quella pensavo fosse un'immagine che mi rappresentava, che fosse il ritratto della mia anima fragile e che Domenico l'avrebbe di certo capito. Ero molto sentimentale. Oggi magari ne manderei una di me nuda, per far vedere che non sono ancora da buttar via e fingere una sicurezza che non ho.

Poi, a un certo punto, ci siamo anche incontrati. Lui ha preso il treno e da Savona è venuto nella mia città di provincia, un pomeriggio di quasi primavera, i primi di marzo. Ero molto emozionata e pure un po' imbarazzata. Dopo tutte quelle parole e quella confidenza, vederci dal vivo non sapevo come sarebbe stato, magari una delusione. Lui mi aveva preannunciato di essere timido e che avrei dovuto fare per due, come al telefono. Io però mi sentivo piccola, inadeguata, e Domenico era così grande.

Prima avevo avuto un'unica storia con Marco, che è stato il mio primo ragazzo vero, il primo col quale ho fatto l'amore. Anche lui più grande di me, già indipendente, suonava il pianoforte e aveva una grande moto. L'avevo voluto tenacemente, lui prima si negava, si è fatto inseguire un bel po', ma alla fine l'ho lasciato io.

Per il primo incontro con Domenico ho pensato tanto a come vestirmi, avrei voluto piacergli da subito, ma alla fine mi sono messa i jeans e un maglione grigio larghissimo, un po' consumato. Ai piedi le Clarks. La mia divisa d'ordinanza.

Non avevo il coraggio di portarlo a casa mia, non c'era nessuno in verità, io ero sempre sola, ma non mi sembrava una casa adeguata; così mi sono procurata le chiavi della sede scout che frequentavo in quel periodo e che in mezzo alla settimana era vuota e l'ho portato lì dopo essere andata a prenderlo alla stazione. La stanza era rettangolare e tutt'intorno c'erano delle panche, ma su un lato, quello lungo, c'era una seduta in cemento, ricoperta da un moquette verde, e la parete faceva da spalliera. Ci siamo seduti e abbiamo allungato le gambe. Il riscaldamento era spento, faceva abbastanza freddo. Lui aveva un assurdo cappotto leggero in tweed nei toni del beige, un cappotto fuori moda, lungo fino a metà polpaccio. Sorridevamo molto e parlavamo poco, poi lui ha preso la chitarra e mi ha detto: «Proviamo a cantare insieme *Giugno '73*?», che era la mia preferita. Aveva una voce, quando parlava, che era come una carezza. E così abbiamo cantato, io piano, ché mi sentivo stonata e lui con una voce fine, un po' alla Concato, e le dita lunghe che si muovevano come ragni sulle corde. Dopo questa canzone ci siamo abbracciati, io completamente immersa nel suo cappotto, quasi sparivo, le mani nelle mani, appoggiati al muro, a guardare la parete di fronte senza parlare. Sembravamo in posa per una fotografia e siamo stati così per un tempo lunghissimo. Più o meno fino a quando l'ho riaccompagnato alla stazione per tornare a Savona. Solo lì, quando il treno è arrivato e ci dovevamo separare, ci siamo dati un piccolo bacio, come uno sfiorarsi, senza lingua.

Il giorno dopo ho saltato la scuola perché non avevo avuto tempo di studiare e poi per altri mesi e mesi abbiamo continuato a scriverci e a telefonarci. In pratica eravamo fidanzati anche se non ci vedevamo mai. Lui aveva una vita misteriosa, non capivo bene come mai il padre lo tenesse così col pugno di ferro e lo condizionasse in tutto. Era libero e visionario nei pensieri più intimi, per il resto conduceva una vita da borghese, sottomesso all'autorità paterna. Mi raccontava di una vita precedente, un po' scalmanata, di un grave incidente con la macchina che aveva avuto ed era quasi morto e che adesso aveva cercato di darsi una calmata. Quell'estate sono andata io a trovarlo a Savona. Ho fatto una fuga di nascosto, quando ero in vacanza a Borgio Verezzi, non so più che scusa avessi inventato, però ho preso il treno e sono stata un pomeriggio con lui. Lo ricordo grigio, quel pomeriggio, senza colore, anche se eravamo al mare ed era estate, noi a camminare, mano nella mano, intorno al suo palazzo inaccessibile. Sono seguite nell'inverno altre lettere, un fiume, parole su parole. Nel frattempo Domenico aveva anche cominciato il servizio militare e quell'esperienza non la viveva bene, è caduto in una specie di depressione e le sue lettere, sempre più rare e tristi, mi arrivavano scritte a macchina, con una Olivetti Lettera 22. Diceva che mi pensava sempre, ma che non riusciva più a muoversi, che era come paralizzato. «La caserma mi sta corrodendo i nervi piano piano» mi scriveva. Anche telefonarsi era più difficile, i cellulari non esistevano ancora. La nostra storia si stava spegnendo. Io dicevo di aver bisogno della carne, lui mi scriveva che attribuiva all'amore un valore molto più spirituale e che mi pensava continuamente, ma a me quei pensieri, nella vita di tutti i giorni, non arrivavano.

Poi è venuto Natale e infine capodanno. Non so come ci fossi riuscita, penso di aver raccontato che ci andavo con una mia amica, comunque sia, ho preso un treno e l'ho raggiunto a Savona, lui aveva una licenza di ventiquattr'ore. È venuto a prendermi alla stazione, ricordo ancora il suo sorriso, buono e impaurito, nel tunnel che passa sotto i binari, e gli occhi scuri felici, ma persi. Era ancora più magro. Ci siamo abbracciati stretti stretti, ho sentito le ossa, ci siamo baciati. Poi mi ha portato a una festa, a casa di suoi amici. Ricordo molta confusione, piani diversi, musica, una felicità un po' caciarona e di circostanza, una tavola apparecchiata dalla quale ci si alzava e ci si sedeva continuamente. Io non conoscevo nessuno, solo lui, che mi stava vicino e mi teneva legata con gli occhi, mi sentivo stonata, non ero a mio agio, erano tutti più grandi di me. Poco prima della mezzanotte sono andata in bagno, dovevo fare pipì, ma la porta era difettosa, non si apriva più. Ho provato a bussare, anche timidamente a chiamare, ma niente, c'era troppo rumore, nessuno mi sentiva. Il tempo passava e mancava solo un minuto, forse due a mezzanotte, mi ero ormai rassegnata a iniziare l'anno nuovo seduta su un water e mi maledicevo per essere arrivata fin lì. Ed ecco che sento: « Paola, sei lì?», mi è sempre piaciuto sentire il mio nome sulla bocca di un altro, era Domenico che mi era venuto a cercare e mi ha liberato. Siamo usciti fuori in giardino, insieme agli altri, non faceva così freddo, e abbiamo brindato. Le solite cose del capodanno. Siamo rimasti ancora poco in quella casa dove non conoscevo nessuno. Avevo il treno il mattino dopo, lui sarebbe dovuto rientrare in caserma, c'era davanti a noi tutta la notte. Di andare a casa sua non se ne parlava e allora siamo finiti in spiaggia, abbracciati, sotto una coperta, a baciarci, parlare, bere vino di nessuna qualità, guardare le stelle e il mare che ruggiva e ogni tanto qualche fuoco d'artificio che illuminava il buio. Mi ha toccato il seno, accarezzato tutto il corpo. Sembrava la felicità, è stato un po' come la prima volta che ci siamo visti. È stato a quel punto che mi ha detto che in caserma c'ero solo io per lui. Però in realtà quella notte di capodanno è stata la fine. L'alba è arrivata livida, noi intirizziti dal freddo, le occhiaie, la stazione, il treno. È stata l'ultima volta che ci siamo visti. La poesia non mi bastava più, volevo la prosa di una stanza riscaldata, di un letto, di una presenza concreta. Sono seguite ancora un po' di lettere, sempre scritte a macchina. A luglio dell'85 lui si è laureato, aveva ventisei anni, ad agosto io mi sono innamorata di un altro, che sarebbe diventato il primo uomo importante della mia vita, e dopo quattro anni ci siamo sposati. Domenico è uscito dai miei pensieri.

E però io sono una che non dimentica mai completamente, una che non è capace di chiudere le porte e dire mai più. Sono incapace di lasciare andare. I ricordi mi sopraffanno sempre, mi ritornano addosso come le maree e sempre, prima o poi, mi viene voglia di andare a riprendermeli, di verificarne la tenuta, la resistenza, di toccarli di nuovo, di riportarli nel presente. Così uno o due anni dopo quel capodanno, anche se ero innamorata di quello che sarebbe diventato mio marito e tutto andava perfettamente, un pomeriggio qualsiasi ho chiamato di nuovo Domenico dal telefono di casa mia, sempre dal corridoio, sempre seduta a gambe incrociate sul tappeto, come se la ripetizione dei gesti e dei luoghi potesse costruire un ponte verso il passato. «Sono Paola» ho detto d'un fiato come se ci fossimo parlati il giorno prima, ma il cuore mi batteva. Per fortuna aveva risposto lui. Silenzio. «Come stai?» «Dopodomani mi sposo». Silenzio. «Ma lei chi è? Sei innamorato?» «Non posso raccontare, mi costringono, se riesco ti chiamo dopo, ti spiego». Non l'ho mai più sentito. Non dico che ho smesso di pensare a lui, la sua immagine e la sua voce ogni tanto sono riaffiorate, come un fiume carsico, e ancora adesso le sue lettere sono tutte in una vecchia cesta di vimini in garage, il vizio maledetto di non chiudere mai le porte una volta per tutte, però non gli ho più parlato, né l'ho visto, né gli ho scritto. E poi non sapevo nemmeno dove raggiungerlo, si era sposato.

In tempi recenti il pensiero di lui si è fatto più affannoso, come un presentimento. L'ho cercato tanto, ma inutilmente, su internet, sui social. Niente, sparito. Domenico V. non esiste in rete e quindi non esiste nella realtà. Non c'è neppure un omonimo. Il cognome appare assurdamente associato ad articoli di pesca. Ho provato a telefonare, sia al fisso che al cellulare di quel negozio di canne ed esche, ma nessuno risponde. Ormai sono certa che Domenico sia morto.

La piscina

Il costume azzurroblu olimpionico... le gambe infinite nello slancio del tuffo.

L'estate della mia infanzia era un lungo tempo sospeso di cicale e strade vuote, di aria tremula nel caldo torrido dei pomeriggi. Avevo sette o otto anni, ero ancora piccola, mia mamma lavorava sempre, non era una novità, e l'estate era una prateria infinita e vuota. Estate ragazzi, i campi estivi, i soggiorni a Londra per imparare l'inglese erano di là da venire. Così mia mamma mi faceva un abbonamento alle piscine comunali che non erano lontane da casa, non costavano troppo, e io ci andavo, sola. Avevo la sacca con i costumi, gli asciugamani e un po' di soldi per un gelato o un trancio di focaccia a metà pomeriggio. Era il mare a portata di mano e io lo raggiungevo tutti i giorni in bici. In vacanza ci andavamo solo quindici giorni, nell'appartamento di zia Rina a Borgio Verezzi, che ce lo prestava quando era libero.

A pensarci ora non so come avessi il coraggio e la forza di stare sola tutti quei pomeriggi assolati e non riesco neanche a capire come mia mamma, che tra l'altro non sa neppure nuotare, fosse tranquilla a pensarmi in piscina senza nessuno che mi potesse aiutare in caso di bisogno. Io adesso, con mio figlio, proprio non ce la farei. Però allora era così e io sono ancora qua viva a raccontarlo, per giunta senza particolari traumi. Non ricordo infatti né noia, né paura in quei pomeriggi in piscina. Anzi era una specie di routine che mi piaceva e mi faceva sentire grande, indipendente. Stavo praticamente sempre in acqua, nessuno a dirmi che le labbra si facevano viola e la pelle raggrinzita, e non credo mi sentissi particolarmente sola o almeno non lo ricordo. Poi, un anno, ho fatto amicizia, non so come, con un ragazzo molto più grande di me. All'epoca a me sembrava grandissimo, di sicuro maggiorenne, ma in realtà credo avesse quattordici o quindici anni. Certo, comunque, un bel po' più di me. Era simpatico, anche carino, non mi faceva sentire più piccola. Chiacchieravamo fitto, soprattutto facevamo un sacco di tuffi, ridevamo. Non ci davamo mai un appuntamento preciso né di giorno né di ora, ma c'era un tacito accordo per vedersi in un certo punto della vasca grande, quella olimpionica. E così succedeva. Io pensavo che stesse con me perché non aveva altri con cui stare, perché era solo come me o perché era molto buono, insomma che mi facesse un piacere e che se avesse avuto davvero la possibilità di scegliere sarebbe stato più volentieri con quelli della sua età, magari maschi. Io ero una bimbetta magra magra, le gambe come due lunghe pinne, col costume intero blu, niente di particolare, a parte il fatto che ero sola e facevo quello che volevo. Però insieme stavamo bene, questo è un fatto, e io mi sentivo onorata della sua compagnia. Poi un giorno, non mi ricordo per quale motivo, forse perché mia mamma era a casa e avevamo da fare qualcosa insieme, non sono andata in piscina. Sono sincera, non ho nemmeno pensato all'appuntamento mancato. Il giorno dopo, quando ci vediamo dalla solita parte della vasca grande, iniziamo a giocare e a parlare come se nulla fosse, come ogni volta, ma a un certo punto, all'improvviso, lui che stava seduto con le gambe penzoloni nella vasca, le mani salde sul bordo, gli occhi giù a guardare il movimento dell'acqua mi dice: «Non sei venuta ieri, ti aspettavo...» È stato un soffio di parole distratte che sono diventate l'essenziale. Io ricordo ancora il suono morbido e svagato e arrabbiato – tutti questi sentimenti insieme, aggrovigliati – di quella frase e la sensazione fortissima di piacere. Non c'era nulla di pruriginoso, l'amore di quel tipo ancora non lo conoscevo né lo sentivo, né ne avevo bisogno, ero davvero troppo piccola, e sono certa che per lui fosse lo stesso. Ma quelle parole hanno definito con precisione, in quel momento e per la prima volta, la mia esistenza, mi hanno disegnato un contorno, mi hanno fatto essere. In un lampo distratto e sottovoce scoprivo che quella bimbetta magra magra poteva essere importante per qualcuno. Qualcuno che pure conoscevo poco e che non era un parente né un compagno di scuola né un vicino di pianerottolo col quale scambiare i giornalini. La cosa curiosa è che non ricordo neppure il nome di quel ragazzo, solo i capelli neri, corti, il costume azzurroblu olimpionico e le gambe lunghe, tese, che sembravano infinite nello slancio del tuffo.

Milano

Un miracolo di bianco ricamato come un centrino che si stagliava sul cielo azzurro di primavera.

Più di tutto volevo essere bella. Il giorno dopo era Pasqua e i miei genitori mi avrebbero portato a Milano a fare una gita. La grande città che non avevo mai visto, un giorno intero con mia madre e mio padre, avremmo mangiato fuori, un lusso, non succedeva mai. Io avevo da poco compiuto undici anni, facevo la quinta elementare e mi affacciavo alla vita. Volevo essere bella. Mi sarei messa il vestito nuovo col colletto di pizzo, beige, a quadretti, con le balze sul ginocchio, un po' country, lo stesso che mi ero messa per la foto di classe, l'ultima delle elementari. E poi un paio di calze bianche di cotone ricamato e i mocassini chiari con la fibbia di ottone, di pelle morbidissima. E volevo anche che i miei capelli fossero a posto. Avevo la frangia un po' lunga, mi dava fastidio agli occhi, anche nella foto di classe, disposti su due file ai giardinetti, io ero al centro, vicino a Laura Delpiano, la mia migliore amica, più alta e più bella, in una giornata di sole, si vedeva che la frangia era da tagliare. Così il giorno prima della gita a Milano, che ero a casa da sola, dopo aver fatto il bagno, mi son detta che me la sarei tagliata, che ci voleva proprio. Ero allegra, eccitata, sicura di me. Ho preso le forbici, quelle della cucina, e in piedi davanti allo specchio ho cominciato a tagliare, però veniva sempre uno scalino, una dissonanza, e io volevo che la frangia fosse dritta come tracciata dal righello, così tagliavo e tagliavo, ogni volta un po' di più, per raggiungere la perfezione e ho finito per arrivare fino all'attaccatura dei capelli. Quando ho realizzato cos'era successo, era troppo tardi. Mi son vista una faccia rotonda come una mela, una bocca senza un dente e moncherini di capelli che spuntavano senza grazia e spinosi dall'estremità alta della fronte. Non c'era più niente da fare, i capelli erano tagliati per sempre, o per lo meno fino a quando sarebbero di nuovo cresciuti, non certo per l'indomani. Così ho cominciato a piangere, prima piano, poi sempre più forte e a tirarmi i capelli, con la speranza di farli uscire a forza dal loro bulbo. E più tiravo, più piangevo, guardando allo specchio la mia faccia sempre più brutta, sfigurata dal pianto, rigata dalle lacrime. E più mi guardavo, più forte piangevo, gli occhi liquidi, sciolti, ridotti a due fessure, la bocca straziata dalle urla. Quando mia mamma è tornata a casa, mi ha trovata così, ancora in mutande e canottiera a piangere davanti allo specchio. «Ma cosa è successo?» mi ha chiesto allarmata e quando ha capito di cosa si trattava, ha minimizzato, mi ha detto: «Non fare la stupida, non si piange per cose da niente così». E magari aveva anche ragione, non finiva mica il mondo, però a me sembrava che invece il mondo finisse esattamente lì, in quel momento, con la mia frangia inesistente e la mia faccia da mostro proprio quando avrei voluto essere la più bella tra le belle. Così quella sera non mangiai e dissi che la mattina dopo per nulla al mondo sarei andata a Milano. Invece a Milano ci andai, con loro, i miei genitori, e il mio vestito country con le balze. Non ricordo niente del viaggio e neanche ricordo dove lasciammo la macchina e se prendemmo o meno il metrò come faccio adesso, ogni volta che mi capita di andare a Milano. Però ricordo che era una bella giornata di sole, la primavera bussava per davvero, il cielo era azzurro, nemmeno una nuvola, della frangia tagliata senza grazia finii per dimenticarmene. Mangiammo come turisti in un ristorante sotto la galleria di piazza Duomo, a me sembrava di stare dentro un film, tutto era grande, alto, arioso, elegante. Mio padre prese come sempre spaghetti al pomodoro, per lui un ristorante si giudicava sempre dai piatti semplici, e disse che c'era tanto fumo e niente arrosto, che si pagava per il posto, che era il salotto buono di Milano, non certo per la qualità del cibo. Del resto lui nasceva pastaio e si intendeva di grani e di cotture, sapeva di cosa parlava. Noi tre eravamo goffi in quell'ambiente, si capiva dai nostri vestiti buoni che venivamo da fuori, che eravamo gente di paese. Mio padre stava seduto, ma con la gamba piegata, come pronto a scappare, i calzini corti infilati nei mocassini che spuntavano dal fondo dei pantaloni, la pelle della gamba bianca, lattiginosa, la caviglia stretta.

Dopo pranzo io e mia mamma andammo a visitare il Duomo, che era un miracolo di bianco ricamato come un centrino che si stagliava sul cielo azzurro di primavera. Mio padre, ateo, ci aspettava in piazza leggendo il giornale, circondato dai piccioni. Era ateo per davvero, però era anche una scusa buona per farsi i fatti suoi, per liberarsi di noi, stare un po' tranquillo. Fuori la chiesa abbagliava, dentro invece, subito varcata la soglia, ti investiva il buio, gli occhi quasi facevano male, e la luce arrivava dall'alto, insieme allo stupore, filtrata dalle vetrate gotiche, riverberata di mille colori. Nei fasci colorati ci ballavano i granelli di polvere, sembrava di essere a teatro e l'altezza era la più enorme che io avessi mai sperimentato. L'impressione era di essere come pulci. L'abbiamo visitata con attenzione, passando di cappella in cappella, mia mamma ogni tanto faceva una preghiera, c'era un organo gigantesco. Poi abbiamo pagato un biglietto e siamo salite sulle terrazze, in mezzo alle guglie che sembravano le torri che si fanno d'estate con la sabbia bianca bagnata. Di nuovo luce forte, di nuovo cielo azzurro sul bianco latte della chiesa, di nuovo sfolgorante primavera. Si vedeva tutta Milano e io correvo felice da una parte all'altra. «Non ti sporgere troppo!» mi urlava mia mamma, preoccupata per l'altezza. Viste da lì sopra le persone sembravano formiche inutili. «Riesci a vedere papà?» «No, non ci riesco, sarà forse quello laggiù?»

E poi successe che eravamo sul lato destro e sentimmo nel cicaleccio turistico generale un urlo, un boato che arrivava dalla parte opposta e poi un colpo sordo, ma distinto. Ci spostammo di corsa per andare a vedere, e con noi tutta la gente che era là sopra, tutti a correre a sinistra, prima con indecisione, come titubanti, poi sempre più in fretta. Veniva quasi da pensare a un naufragio e che il Duomo, tutto intero, potesse sbilanciarsi per il peso, inclinarsi a sinistra, perdere il suo equilibrio millenario. E intanto si spargeva la notizia, un sussurro a mezza voce, ma sempre più insistente: «Si è buttata, si è buttata». Quando arrivammo dal lato sinistro, quello verso la Rinascente e lo shopping, c'erano già delle guardie a proteggere un punto preciso, c'era un vuoto innaturale e gente che premeva intorno, in cerchio, e noi tra loro e c'era stupore, orrore, curiosità, sollievo di sentirsi vivi. Molti si sporgevano a guardare la macchia del corpo caduto dall'alto e il vuoto che le si era creato intorno anche laggiù. In mezzo a tutta quella folla c'era soltanto una grande solitudine.

Mia madre poi mi disse, prendendomi la mano, che mentre io correvo felice di qua e di là aveva notato una donna bruna, abbastanza giovane, seduta come disperata vicino a una guglia laterale, le mani sul volto, e si era chiesta: "Chissà cos'avrà, sarà una pena d'amore" ma che il pudore le aveva impedito di avvicinarla. «Penso sia stata lei a buttarsi» aveva aggiunto. Però non so se sia andata davvero così, mia madre ha sempre avuto la tendenza a immaginarsi le cose e anche a immaginarsi al centro delle cose.

In ogni caso la nostra gita a Milano finì lì e lì finì anche la mia infanzia.

Zia Rina

Io che sorrido sdentata e sembro un maschio.

Rina era una delle sorelle di mia madre, la più spudorata, insieme a zia Emma, ma più intelligente. Era molto bella, da giovane si dice che avesse fatto girare la testa a mezza città, due occhi verdi e furbi, i capelli neri, il naso fine fine, un po' alla francese, due belle gambe slanciate dai tacchi che non lasciava mai. Si era sposata con zio Carlo che invece era grigio, incolore, innamorato solo del loro cocker, Chicca. Non so perché si fossero sposati, non avevano nulla in comune, forse lui è stato molto banalmente il suo passaporto per la libertà, per cominciare a fare davvero quello che voleva. Non hanno mai avuto figli, mia mamma mi ha sempre detto che lui non era un uomo-uomo e non ho mai ben capito cosa significasse. Insieme gestivano un bar, vicino all'ospedale, ma era stata mia zia a fare tutto, a mettere su l'attività. Prima ancora, mi raccontava, gestivano un hotel ma io non l'ho mai visto, ne ho sempre soltanto sentito parlare, e poi delle piscine. Mia zia era capace di infilarsi in tutto, di essere sempre nel centro delle cose, di fare affari anche poco puliti senza però mai oltrepassare il limite della legalità, non lo so con certezza, ma questa è sempre stata la mia impressione. Era una donna che aveva la fame e la voglia e la furbizia del dopoguerra. Aveva tanti gioielli chiusi in una cassaforte nello sgabuzzino dietro la camera da letto di zio Carlo, dove conservava anche milioni di scarpe, anelli appariscenti con grandi pietre preziose, orecchini, spille, collane d'oro, braccialetti. Ogni tanto apriva la cassaforte e i miei occhi di bambina brillavano di fronte a tutta quella meraviglia buttata sul letto. Era sempre allegra, rideva molto, ma quando si arrabbiava sapeva essere spietata, durissima. Era molto seduttiva, aveva presto capito il potere della bellezza, l'unico che in quei tempi le era concesso, ma aveva un amante fisso che abitava vicino a casa sua ed era sposato pure lui, un matrimonio senza amore. Tutta la famiglia sapeva della sua esistenza, era come se fosse un altro marito, spesso arrivava alla fine dei pranzi di Natale o di Pasqua, quando zio Carlo, con tempismo perfetto, portava fuori il cane, e veniva a trovare la zia anche quando eravamo noi due sole insieme al mare. Arrivava per pranzo e dopo mi dicevano che andavano a riposarsi un po' sul letto, di non disturbare. In famiglia non ci facevamo tante domande, però sapevo anche io, che pure ero piccola, che la moglie di lui, una bella donna con i capelli neri e gli occhi azzurro-ghiaccio, ci odiava e anche i figli di lui, due maschi che gli assomigliavano, ci odiavano. Lui, l'amante di mia zia, all'epoca era un bell'uomo, minuto, capelli castano-rossiccio con due grandi basette ai lati del viso, aveva una risata rasposa, che restava chiusa nella bocca, era un uomo di poche parole, tanti nei sulla pelle sempre un po' abbronzata, vestiva con gusto, ricordo i mocassini, i piedi piccoli e fumava tantissimo. Tutto il contrario di zio Carlo, che era sempre un po' trascurato, o per lo meno aveva un altro tipo di eleganza, maglioni sempre uguali, blu o grigio-verde, e anche lui di sicuro sapeva.

Zio Carlo me lo ricordo vecchio da sempre, pelato, con la coroncina di capelli bianchi intorno alla testa e due baffi, bianchi pure quelli, basso, più basso di zia Rina che invece aveva il portamento di una regina e poteva sembrare, se non sua figlia, di certo non sua moglie. Zio Carlo aveva una Mini Cooper verde muschio nel garage del cortile e gli piaceva curare un pezzo di orto fuori città, ci andava sempre nel fine settimana. Caricava gli attrezzi sull'auto e qualche volta mi portava con sé, e a me piaceva. Coltivava quintali di patate che mia mamma poi rivendeva a tutto il condominio a un prezzo buono, e una volta, per farmi contenta ha seminato le angurie, anche se mi diceva che quella non era terra da angurie, e infatti non sono venute. Non era un tipo di tante parole, però mi voleva bene. Si era rassegnato a una vita sua, da solo, non credo avesse delle amanti. In casa, zia Rina e zio Carlo dormivano in camere separate con la scusa che lui russava. Non conoscevo nessun'altra famiglia nella quale marito e moglie dormissero in camere separate, però dividevano il bagno che era tutto marmi rossicci e specchi, sembrava una gioielleria, brillava sempre, si aveva quasi paura a entrare per fare quello che di solito si fa in un bagno, lavarsi, pisciare. A me più che altro piaceva andare nel bagno di zia Rina per aprire l'armadio a specchio vicino alla vasca e guardare le creme e i trucchi, imbambolarmi davanti alle boccette e ai vasetti che non avevo mai visto, spruzzarmi addosso i profumi.

Mia zia è stata l'artefice di molte mie prime volte. Era specialista nel far crescere le voglie e il desiderio, la golosità. Mi ha portata per la prima volta a teatro, a vedere Macario, e per l'occasione mi aveva anche comprato una gonna di velluto marrone, lunga fino alle caviglie e una camicetta di pizzo beige, perché a teatro bisognava andare eleganti, anche se eravamo solo in un paese ed era una serata in mezzo alla settimana. Gli attori ci venivano per riempire i buchi delle tournée.

È stata lei a farmi tagliare i capelli corti corti e io li avevo sempre portati lunghi; eravamo a Borgio Verezzi e mi aveva trascinato da una pettinatrice nera che aveva aperto da poco e a lei piaceva quell'esotismo. «Taglia, taglia, non avere paura» le ha detto perché era nera e ai neri si doveva dare del tu ed era una confidenza che segnava la distanza, anche se lei non se ne accorgeva e anzi sembravano due complici. Loro si divertivano, io ne sono uscita con un taglio sgraziato, senza nessuna forma, sforbiciate a caso, ciuffi da tutte le parti e poi mi ha fatto anche la foto, la conservo ancora, io che sorrido sdentata e sembro un maschio. Ma lei era esuberante, amava la mia giovinezza sinceramente, ero la sua tavolozza, la bambina mai avuta, il suo specchio.

Mi ha portata per la prima volta su un piccolo aereo da turismo a vedere il mio paese dall'alto e mentre volavamo flirtava col pilota, anche se era più giovane di lei, e lo incitava a fare manovre azzardate, discese improvvise, virate brusche, per farmi sentire il brivido della paura e più io mi spaventavo, più lei rideva tenendomi la mano.

Mi ha portata a Mosca e Leningrado quando c'era ancora il comunismo e non era un viaggio semplice. Con lei ho assaggiato per la prima volta, nel ristorante migliore di tutta la Riviera di Ponente, ci eravamo andate apposta, le cozze in guazzetto aglio e prezzemolo, io all'inizio non volevo perché mi facevano persino un po' paura, non erano cibo da bambini, ma zia Rina è stata travolgente come al solito e alla fine le cozze sono diventate il mio cibo dei sogni e dei desideri.

A un certo punto – io ero ancora abbastanza piccola, credo alla fine delle elementari, il bar era già stato ceduto ad altri, aveva persino cambiato nome – mio zio Carlo senza fare troppo rumore si è ammalato, un tumore al fegato. Stava sempre coricato nel suo letto, nella stanza in fondo all'appartamento, non disturbava. Mia zia l'ha curato con attenzione, si è dedicata a lui anima e corpo. Quando è morto e c'è stato il funerale, ricordo che zia Rina piangeva sguaiatamente e urlava: «Carlo, Carlo», sembrava non potesse più sopravvivere, bisognava tenerla su, quasi sveniva. Era una donna drammatica, ma io so che soffriva davvero, dev'essersi rivista la vita, gli sbagli, le mancanze e i rimpianti, sono sicura, anche se ricordo che due donne, vicino all'ascensore, le porte erano aperte, stavano per salire e c'ero solo io, una bambina che non poteva capire, hanno detto a bassa voce: «Adesso piange, però gli ha fatto portare le corna per tutta la vita». Le ho odiate. Comunque, dopo la morte del marito, mia zia si è ripresa e ha vissuto, sempre splendida, sempre al massimo, da sola con Chicca, il cocker, morta dopo qualche anno anche lei, altro grande dolore, era per lei come una figlia, dopo non ha più voluto cani. E poi c'era l'amante, presenza intermittente, ma costante, della sua vita.

Dopo qualche anno si è ammalata anche lei, è stata lunga, è durata un bel po', a fasi alterne, un brutto tumore del sangue, ha fatto molta chemioterapia, ha perso tutti i capelli, si è dovuta piegare a una parrucca che le faceva prudere la testa, ma era bella anche da pelata, anche se lei non riusciva ad accettarlo. Le siamo stati tutti molto vicini, io passavo spesso a trovarla e parlavamo molto, lei sdraiata sul suo grande letto con la testiera dorata e di velluto verde, io accucciata al fondo. Ero ormai una ragazza, prima una giovane sposa e, alla fine della sua malattia, già una donna separata. Aveva paura di morire, ma non pronunciava mai quella parola, più che altro era arrabbiata, perché lei era una donna che amava la vita. Una volta mi ha chiesto se davvero, secondo me, c'era qualcosa dopo. Per lei era una domanda importante, essenziale, anche se l'ha pronunciata quasi distrattamente e col sorriso negli occhi di chi non ci crede. Io ero una ragazza saccente, il dentista mi aveva appena fatto un intervento in bocca, ero infastidita dal mio male, le ho parlato di filosofia, le ho tolto anche quell'ultima speranza. Mi ricordo una volta che era in ospedale, stava male, era nel letto della camera a pagamento del secondo piano, in fondo al corridoio, aveva i capelli brizzolati che stavano ricrescendo, si lamentava molto, diceva che non sopportava il dolore, che voleva farla finita, «Basta, basta» urlava. Intorno al letto, la accudivamo io, mia madre e un'altra mia zia. Non c'era modo di farla calmare. Poi entra nella camera il primario, alto, un ciuffo di capelli brizzolati a scivolargli sull'occhio destro, si avvicina al letto, si china su di lei, le stampa la faccia nella sua, sono vicinissimi, le prende la mano e la guarda con attenzione, non fa niente più di questo, non è più il tempo delle cure. Gli occhi verdi di zia Rina cambiano immediatamente, diventano quelli di una gatta, riescono a passare dalla seduzione all'ingenuità, ringiovanisce, sorride. Il dottore è molto più giovane di lei e lei è in un letto malata, sta morendo, però non riesce a trattenersi. Seduce, come con quel pilota dell'aereo, come sempre ha fatto in vita sua e continua a farlo ora che è a due passi dalla morte. Vuole essere la morta più bella e indimenticata di tutto l'ospedale. È la sua forza e la sua maledizione, è un traboccare dolorosamente felice di vita. Mia madre e mia zia non si accorgono di niente, sorridono anche loro, sono contente di vederla meglio. Ma io lo riconosco e dopo un po' non riesco a sopportarlo, è quasi osceno. Mi siedo sulla sedia in fondo alla stanza e sfoglio una rivista.

Quando è morta, mia zia Rina mi ha lasciato una pelliccia di leopardo vero, che da allora riposa nel mio armadio e non l'ho mai voluta vendere anche se non la metto, un collier antico di platino con una bella perla che fa il paio con gli orecchini, un braccialetto d'oro bianco con piccoli smeraldi, due portacenere di giada.

La borsetta

Una piccola borsetta di pelle color cuoio, con una taschina davanti... la riconoscerei tra mille.

Era appesa sulla parete di destra di uno dei negozi di pelletteria più belli e più cari della mia città, che adesso non esiste più. Una boutique delle borse, si diceva allora, perché la parola francese sapeva di eleganza e raffinatezza. Non c'erano prezzi in vetrina, era volgare, ma tutti sapevamo che ogni cosa che si vendeva e si comprava lì dentro era carissima. Una piccola borsetta di pelle color cuoio, con una taschina davanti, una chiusura come quelle delle cartelle di una volta, di quando eravamo piccoli, e una tracolla lunga lunga, per portarla di traverso. Se ci ripenso la rivedo in ogni particolare, la riconoscerei tra mille. Io facevo le medie, ero nell'età di mezzo, e la desideravo moltissimo. Passavo a guardarla tutti i giorni, ma sapevo che non potevamo permettercela e anche mia madre me l'aveva detto. Me ne aveva proposta un'altra, simile, ma non uguale, che vendevano due negozi più in là, avrebbe fatto lo stesso uso e io mi sarei tolta uno sfizio – perché di sfizio si trattava e anche io lo sapevo – a un prezzo abbordabile. Io però quell'altra borsetta non l'ho neanche voluta prendere in considerazione. Non era la stessa cosa, non aveva quella bellezza essenziale, era goffa, aveva troppe cose sopra, era eccessiva per nascondere la mancanza di grazia. E allora piuttosto niente, piuttosto le tasche che avevo usato fino a quel momento. Già allora avevo capito che gli sfizi, i desideri assoluti non possono accontentarsi e già allora ero una da tutto o niente, senza sfumature. Una testona, mi dicevano.

Poi un giorno la borsetta, in vetrina, non c'era più. Mi è cresciuta subito una bolla nello stomaco, un'ansia, quasi un dolore fisico. Sarei voluta entrare per chiedere se qualcuno l'aveva comprata oppure se avevano semplicemente deciso di cambiare la vetrina, ma naturalmente non avevo il coraggio. C'era la moquette sul pavimento, una certa aria ovattata e sospesa, grandi scaffali di legno pieni di borse e silenziosi. Soprattutto c'era una signora elegante, la proprietaria, molto diversa dalle donne che conoscevo io: alta, un'essenzialità quasi maschile enfatizzata dalle giacche dritte che indossava, i capelli a caschetto corti col ciuffo bianco davanti, una che ti guardava dall'alto in basso.

Ero giovane, nell'età di mezzo, la scuola, le amiche, le telefonate infinite nei pomeriggi infiniti, la bici, gli ormoni in movimento, alla borsetta dopo un po' ho smesso di pensarci.

Poi è successo che un giorno che stavo camminando veloce in centro, noto in lontananza lei, la ragazza più bella, più bionda, più elegante, più desiderata della città. Era insieme alle sue amiche, bionde come lei. Non ci conoscevamo personalmente, e non poteva essere diversamente, lei di famiglia bene, io no, lei una specie di barbie slanciata e patinata, nasino alla francese, capelli fluenti, sempre con l'onda; io nera di capelli, sempre spettinata, con il naso impegnativo, poco elegante, poco alla moda. Qui da noi, almeno di vista, ci si conosce da sempre un po' tutti, è la vita di provincia, una familiarità velenosa, anche se sembra scaldare. Io sapevo il suo nome e il suo cognome, una poesia musicale, un nome che già prometteva paradisi e delizie, lei non credo conoscesse il mio, però di sicuro sapeva, anche solo in qualche periferia dei pensieri, che esistevo, che mi muovevo nel mondo, ero una faccia da paesaggio, inutile al suo universo di bellezza e sorrisi. Da adolescenti siamo tutti scemi, pensiamo di essere, nel bene o nel male, l'ombelico del mondo. Comunque sia lei, la barbie bella e sorridente, quel giorno si muoveva leggera, nello sciame delle sue amiche belle come lei, con la borsetta, la mia borsetta, a tracolla, come se quella borsa fosse nata per lei, pensata solo per lei. Tutto si è fermato, sfocato, riuscivo a vedere solo la borsetta e il sorriso di lei che la indossava e che mi raccontava di vite esotiche, meravigliose, dove tutto era possibile e non c'erano sacrifici, fatiche e dolori, un mondo di donne e uomini biondi, belli, eleganti, mai presi dagli affanni del giorno, vite che ignoravano l'esistenza di noi neri non così slanciati, sempre un po' polverosi, sempre un po' fuori posto. Non credo di averla odiata, che forse sarebbe stato persino un po' sano. Non era neppure invidia. È stato piuttosto il momento nel quale ho toccato con mano le differenze e la loro ineluttabilità, le ho sentite nella carne; la separazione degli uomini: di qua l'umanità bella e ricca e naturalmente bionda; di là, ed eravamo tanti, quelli né belli né brutti, non ricchi, ma nemmeno poveri, e naturalmente neri. Allora pensavo che non ci fossero soluzioni, né ricette, che quelle separazioni sarebbero esistite per sempre, che nulla sarebbe potuto mutare e non era neppure immaginabile che quegli universi si potessero scambiare, che le pareti che li proteggevano fossero traspiranti, che esistessero correnti, che ci si potesse mescolare. Era l'assolutezza dell'adolescenza, ma io mi sono sentita condannata, come a una pena dell'inferno.

Poi sono cresciuta, ho fatto la mia strada, la mia fortuna ha preso strade più dolci, pendii meno scoscesi. La mia famiglia è diventata una famiglia “bene”, di quelle rispettate. È stato grazie al lavoro, non abbiamo rubato niente a nessuno e non ci siamo dimenticati da dove veniamo. A me è restata una morale un po’ calvinista, profilo basso e andare sempre. Insomma me la sono cavata, ho faticato, attraversato dolori e successi, però mi sono presa il mio posto nel mondo, ho avuto il diritto al mio nome. Forse son passata nell’altro universo o comunque sono considerata come una che appartiene a quell’altro universo, anche se io continuo a sentirmi senza terra, apolide, né di qua né di là e a volte mi soffio via ancora un po’ di polvere di dosso.

Oggi ormai è normale che la barbie bionda, che è diventata una bella donna, sempre bionda, sempre elegante e alla moda, segnata come me dal tempo passato, le rughe a costruire piccole ragnatele intorno gli occhi, mi saluti e mi sorrida quando mi incontra. E io vedo nel suo sorriso la malinconia di chi non ha viaggiato tra gli universi.

Recentemente, per strada, senza un motivo apparente, mi ha fermata e mi ha detto: «Sei bella, Paola, per te il tempo non passa mai», il mio nome finalmente pronunciato dalla sua bella bocca dipinta. E io sono scoppiata a ridere dentro, pensando alla borsetta di cuoio dalla lunga tracolla. Chissà se è ancora nel suo armadio.

Mio padre

Seduto sul pouf, mi guardava quando uscivo dal camerino.

Mio padre ha fatto la guerra, è stato capo partigiano, un eroe del quale si parla ancora. Era un uomo di silenzi e un uomo molto bello. Quando parlava aveva un'ironia sottile che veniva fuori inconsapevole, a singhiozzo, non l'ha mai usata per crearsi un personaggio, era naturale. Metteva una canottiera bianca sotto la camicia e al mattino si lavava con l'acqua fredda, muovendo le mani sulla faccia con un vigore esagerato, così che poi intorno era tutto bagnato e mia mamma si lamentava, diceva: «Si vede che di qui è passato tuo padre». Anche quando mangiava, ti accorgevi dov'era seduto lui perché sotto la sua sedia era pieno di briciole. Dopo pranzo dormiva sempre mezz'ora, si metteva nel letto con il giornale e si addormentava con gli occhiali da presbite sul naso, toccava a me svegliarlo e lui faceva sempre un sobbalzo, era preso come da uno spavento, sgranava gli occhi azzurri, ma poi si alzava in fretta e affrontava la seconda parte della sua giornata. Ha cominciato a lavorare che era ancora molto piccolo e non ha più smesso, avrebbe voluto studiare ma non c'erano i mezzi. In compenso ha letto moltissimi libri, a casa nostra li trovavi sparsi dappertutto, e per tutta la vita ha acquistato due quotidiani al giorno e un settimanale politico. È grazie a lui che io ho imparato a leggere.

Era il centro della nostra famiglia ed era il centro di tante cose, un uomo molto intelligente, elegante, che quando arrivava in una stanza te ne accorgevi, anche se non diceva niente. Nelle foto, anche quelle dove è ritratto in mezzo ad altra gente, l'occhio ti cade sempre su di lui.

Non ci siamo mai parlati molto, più che altro io passavo il tempo a litigare con mia mamma, ma è l'uomo che ho amato e ammirato di più e lui ha amato moltissimo me, che ero la femmina arrivata quando non sembrava più possibile e infatti porto il suo stesso nome, ma al femminile. Un amore che si è cementato sui silenzi e sulla solidità che sapeva trasmettere. Se penso a mio padre, penso a una colonna con la base larga, molto larga. Ci reggeva tutti, ma lui era avvolto da una sua solitudine che nessuno di noi, nemmeno mia madre che adesso parla di lui come se fossero stati una cosa sola, è riuscito a scalfire. Forse perché era orfano ed è diventato uomo molto in fretta, non so. Non ricordo mi abbia mai abbracciata e i suoi baci erano sempre imbarazzati, un po' storti, in punta di bocca, un'incombenza di amore esibito da togliersi il prima possibile. Ricordo che una volta mi accompagnò a Torino, da Cacharel, io ero già grande, frequentavo l'università, a comprarmi il vestito per capodanno. Lui non era un tipo da negozi, tanto più di pomeriggio, a metà della settimana, però era bello vederlo seduto sul pouf, che mi guardava quando uscivo dal camerino e commentava, mi dava consigli. Alla fine abbiamo scelto una gonna di raso un po' corta e un bustier di velluto con tanti bottoncini davanti e l'interno di seta rossa, ce li ho ancora entrambi. Speravo che la commessa pensasse che lui era il mio amante e che era lì per farmi un regalo, magari dopo aver fatto l'amore. Sono stata attenta a non dire mai "papà", a non farmelo scappare.

E così penso a mio padre, a quando lui stava morendo ed era in un posto ad aspettare che venisse il giorno, non c'era più niente da fare. Era più di un mese che andava avanti così e mia madre si era trasferita a vivere nella stessa struttura, per stargli vicino, una camera a pagamento, due letti vicini, mio padre immobilizzato e lei che gli faceva da infermiera ventiquattr'ore su ventiquattro, orchestrava le medicine, lo imboccava per quel poco che riusciva a mangiare, ascoltava di notte i suoi rantoli, sperando di continuare a sentirli, che non si interrompessero. Io andavo tutti i giorni, ma un'ora, due al massimo, il grosso lo faceva lei. Ero molto arrabbiata con lui perché da uomo forte che era si era ridotto così, in balía di mia madre e della sua petulanza, in balía di un corpo invecchiato, corroso dal male, ridotto a mangiare budini senza zucchero, giusto per mettere dentro un po' di calorie senza far salire il diabete. Non riuscivo ad averne pietà, però non lo davo a vedere, anzi ero una figlia premurosa, i budini glieli procuravo io stessa in un negozio di prodotti biologici.

Qualche anno prima, quando era già malato, ma non ancora alla fine, è successo che mi son trovata da sola con lui, nella mia casa di ragazza. Mia madre aveva avuto un malore, era all'ospedale, e l'unica soluzione era stata trasferirmi a vivere da mio papà, anche se avevo il bambino piccolo. Mio padre non poteva stare da solo. E in quei giorni è successo che doveva fare l'esame delle feci, aveva un'infezione che non si capiva da dove arrivasse. Ero maldestra con quel corpo irriconoscibile, non sapevo come fare. Con tutta la forza che avevo l'ho appoggiato sul bidè che avevo ricoperto di carta di giornale, era il mio dovere di figlia, lui ha cagato, ma la merda è uscita dal giornale, puzzava. Ne ho presa un po' col cucchiaino, non sopportavo l'odore e lo schifo e la pena di quell'umiliazione sua e mia, i confini del lecito rotti, sparigliate le carte del giusto. L'ho messa nel contenitore dell'ospedale, poi ho pulito col guanto il bidè e gli dicevo: «Papà stai tranquillo» ma lui aveva gli occhi bassi, si vergognava e anche io mi vergognavo per lui, e per me.

Di domenica, quando era nella struttura ed erano i suoi ultimi giorni, portavo anche mio figlio, che era piccolo, aveva poco più di tre anni, e ricordo una volta che era Carnevale e siamo arrivati io, mio marito e il bambino vestito da Superman. Mio papà era cosciente quella volta, abbiamo parlato di inezie, anche riso e lui cercava di essere dolce con il bambino, di fare il nonno, anche immobilizzato in un letto con le sbarre, e a un certo punto, non so quale fosse il collegamento, abbiamo tutti cominciato a cantare, seguendo mio padre che l'aveva intonata, *Finché la barca va*. Era una scena surreale, tutti riuniti nell'ospizio, le grandi finestre che davano sulla sera che scendeva, con un bambino vestito da Superman e un vecchio che stava morendo, a cantare Orietta Berti, un po' stonati, cantilenando: "Finché la barca va lasciala andare, finché la barca va tu non remare". E poi si è fatto silenzio ed eravamo tutti un po' imbarazzati e stupiti. Però la volta che mi ricordo di più di quegli ultimi giorni è la domenica che abbiamo portato mia madre a pranzo fuori, per distrarla un po', farle prendere una boccata d'aria. Siamo andati in un ristorante vicino all'ospizio, che non si sapeva mai quello che poteva succedere, ma in centro, un bel ristorante e ricordo che abbiamo mangiato noi quattro all'ultimo tavolo all'angolo della veranda, proprio sulla piazza, e c'era il sole. Era una bella giornata, anche se era fine febbraio. Mia mamma parlava e parlava e mangiava agnolotti, sembrava una festa dopo tutto quel grigiore della struttura e la morte sulle spalle. Ridevamo e ci scambiavamo i piatti per assaggiare tutto. «Era da tanto che non passavo una giornata così» dice mia mamma. «Stiamo bene» dico io. E mio figlio, che era piccolo e pieno di vita e curiosità, ci teneva allegri. Un tempo sospeso in un tintinnio di forchette e bicchieri e sole, una parentesi. Poi mia madre, non eravamo ancora arrivati al dolce, pronuncia la frase che era nell'aria, ma nessuno aveva il coraggio di dire, lei, però, le dà voce: «Dopo, quando tutto sarà finito, dopo potremo averne mille di giornate così».

Mio padre è morto di lì a poco. Una notte si è aggravato, era chiaro che era questione di ore. Con lui c'era solo mia mamma. Il mattino presto lo abbiamo portato a casa perché voleva morire dentro le sue mura, così almeno diceva mia madre. Abbiamo allestito il letto antidecubito, quello con le sbarre, nella camera che era stata mia e di mio fratello. Il pomeriggio è morto e intorno c'eravamo tutti, parlavamo di lui già al passato, c'era anche il medico che l'aveva seguito da sempre, quasi non ce ne siamo accorti. Però ho avuto tempo di soffiargli nell'orecchio: «Grazie di tutto, davvero».

Qualche giorno prima, in un momento di lucidità tra un sonno e l'altro, mi aveva regalato la sua ultima battuta ironica: «L'avete preparato bene?» «Cosa papà?» «Il mio funerale».

Il cane

Sdraiato su un fianco, potrebbe sembrare che dorma disteso, ma dal muso esce un rivolo dritto di sangue.

Mia madre non voleva cani per casa, io invece l'avrei tanto voluto. Un cane che tenesse compagnia ai miei pomeriggi lunghi e solitari, mentre i miei erano al lavoro. Poi un giorno succede, io avrò avuto otto o nove anni, che un amico di mio fratello ci parla di un cucciolo senza razza e senza pedigree che cerca un padrone. L'amico di mio fratello è convincente, ha una sua verve napoletana, non so come, ma riesce a convincere mia madre – «Fate una prova» le dice – e così il cucciolo entra in casa nostra. Sta in una mano, è un batuffolo di pelo marrone con una macchia di panna sulla gola, piccolo, le zampe corte e ancora instabili, vivacissimo, con quegli occhi che hanno i cani quando ti guardano e sono pieni di stupore, di vita e d'amore incondizionato. Il cane arriva e scoppia il finimondo. Lucia, la signora che tutte le mattine si occupava della casa come se fosse lei la padrona – era lei ad organizzare le giornate, decidere il giorno del bucato, il giorno della pasta fatta a mano, il menù del pranzo – mette su un muso che non si può dire. Lucia, che era una specie di mia seconda mamma, è assolutamente contraria e per ripicca smette di parlarmi, mi fa la guerra. Non m'importa. La mia unica preoccupazione è che al cane – Michi, l'avevo chiamato – non succeda niente mentre io sono a scuola e non posso tenerlo d'occhio. Ne sentivo il piacere e la responsabilità, ci giocavo, ma facevo anche le prove da genitore, gli parlavo continuamente e più che altro era un balletto di: «Eh, no, così non si fa», «Ora stai buono, usciamo più tardi», «Se continui così, ti metto in castigo». Poi un sabato succede che per la mia famiglia era un giorno importante. Si inaugurava il primo grande negozio, in periferia, l'antesignano di un supermercato, di quelli che ancora dalle mie parti non si erano mai visti. Un negozio grande dentro il quale c'era di tutto, dalle tazzine ai televisori, alle lenzuola, persino le pellicce. Riempendosi di debiti, mio padre aveva comprato un grande terreno nella prima campagna intorno alla città e su quel terreno aveva costruito un capannone. Ricordo ancora i grandi camion che portavano i lunghi pannelli di cemento grezzo, rugoso, uno alla volta, non avevo mai visto costruire un edificio così, ero abituata ai mattoni: uno scheletro di metallo che quei pannelli andavano a ricoprire, poco alla volta. Andavamo a vederlo nei fine-settimana d'inverno, mio padre ci voleva informare sullo stato dei lavori, un campo immenso e freddo. Andarci mi sembrava quasi un viaggio all'estero. Ci aggiravamo dentro quello scheletro di metallo e nebbia noi tre, mio padre fumava e diceva: «Lì ci sarà l'ufficio», «Lì ci sarà la torrefazione» – all'epoca mio padre faceva anche il caffè – «Lì ci sarà il grande negozio»: il catalogo di vendita per corrispondenza che diventava reale, gli oggetti da toccare, annusare, guardare, le corsie, gli scaffali, quelli più belli si chiamavano "gondole", mi diceva, un nome esotico, turistico. E quel sabato di primavera, dopo l'inverno passato a costruire, finalmente il grande negozio apriva. Era un avvenimento, non si era mai visto niente di simile. Si era arrivati a quell'apertura affannati. Non che io me ne fossi davvero accorta però adesso, che il giorno dell'inaugurazione era spalancato davanti ai miei occhi, anche se c'era tantissima gente e un'atmosfera di festa e di curiosità, e io ero una bambina eccitata e fiera della mia famiglia, una parte di me ne vedeva tutte le approssimazioni di provincia. I servizi di piatti d'oro zecchino umiliati dagli scaffali di alluminio da magazzino sui quali erano presentati con troppo vuoto intorno, con una grazia non conclusa, le lenzuola bianche ricamate che non riuscivano a farsi notare in tutto quel grigio, gli spazi tra un oggetto e l'altro, la cassa non organizzata, non pronta per tutta quella gente che era venuta. Ricordo mio padre, abituato a tostare il caffè, abituato a una manualità grezza e solitaria, che cercava goffamente di avvolgere gli acquisti con la carta da pacchi marrone sotto gli occhi impietosi dei clienti in attesa. Aveva movimenti goffi, imbarazzati. Mia madre, invece, cinguettava tra le corsie, era nel suo elemento, un pesce magro e svelto nell'acqua, un'attrice sul palcoscenico, con le parole riempiva gli spazi vuoti, accendeva luci dov'erano spente, rendeva lucida l'opacità, disegnava scenari, costruiva mondi di desideri e riusciva a vendere tutto. Mio padre era un grande visionario, ma mia madre sapeva arredare le sue visioni.

Era un sabato pomeriggio, dicevo, io non avevo scuola l'indomani, nessun compito da fare, e così anche io e il mio cane eravamo alla grande inaugurazione. In quella confusione, però, un cane e una bambina non erano al loro posto. I miei genitori lavoravano, era un giorno importante, non avevano tempo di occuparsi di me e mi avevano detto che sì, potevo esserci anche io, ma non dovevo dare fastidio e poi: «Lo capisci anche tu, un cane nella nostra vita non ci sta proprio, ci manca il cane, oggi».

Così, passato il momento dell'inaugurazione, io e Michi andammo a giocare fuori, nei campi attorno, lui aveva una grande voglia di muoversi, correre, inseguire insetti, ma dopo un po' siamo rientrati, iniziava a fare freddo. Nel grande negozio c'era sempre più gente, un cane e una bambina davano fastidio. «Portalo in ufficio» mi dice mio padre, e io lo faccio. Sono la mamma di Michi, devo occuparmene. «Adesso stai buono di là» gli dico puntando il dito, ma lui corre, scappa, non ha nessuna voglia di stare da solo, non c'è verso di allontanarmi, mi guarda con la lingua di fuori, penzoloni, appena mi muovo mi salta addosso, gioca a farmi gli scherzi. "Devo essere più severa" mi dico. «Michi, adesso basta! Non cedo più!» Così decido di lasciarlo nella torrefazione, dietro la grande porta, quella pesantissima. E poi, poi succede tutto in un attimo, una combinazione di coincidenze maledette. Apro la porta, metto dentro il cane, il cane scappa, la porta a molle si chiude, il pesante rotolo di carta industriale che serviva per l'impacchettamento del caffè, il rotolo con un'anima d'acciaio che era dietro la porta, cade e colpisce Michi esattamente sul collo. È un'esecuzione. Nessun guaito, solo un rumore sordo e secco. Il cane è sdraiato su un fianco, potrebbe sembrare che dorma disteso, ma dal muso esce un rivolo dritto di sangue. Sollevo a fatica il rotolo, «Michi!» urlo, ma il cane è immobile, il muso serio, il sangue che fuoriesce ordinato, una striscia rossa sul pavimento. Intorno c'è il silenzio dell'ufficio vuoto, della torrefazione ferma. Corro da mio padre, nella confusione rumorosa del grande negozio, «Michi è morto» gli urlo e ho le guance rigate di lacrime, ma lui minimizza, dice che no, di sicuro mi sono sbagliata. C'è tanta gente, adesso proprio non può muoversi. Così mi siedo su una sedia e aspetto che arrivi l'ora di chiusura. Alle otto di sera, la cassa silenziosa, gli ultimi clienti usciti, mio padre finalmente viene a vedere cosa è successo. Michi è sempre immobile, il sangue seccato, un rivolo scuro sul pavimento chiaro, si può grattar via facilmente con una spugnetta. Lo mette in un sacco nero, mi dice che di certo non ha sofferto, che la morte è stata sul colpo. È il suo modo di consolarmi, di essere affettuoso. Lo seppellisce nei campi accanto al capannone, quelli che qualche anno dopo diventeranno i parcheggi del supermercato, che si è molto ingrandito per vendere anche gli alimentari.

La Domenica delle Palme

...gli stessi capelli col riporto a nascondere una protuberanza sul cranio, uno strano bubbone.

Era la Domenica delle Palme. Un momento solenne per la piccola comunità cattolica di provincia e mio figlio, che all'epoca aveva sette anni, avrebbe ricoperto il ruolo di chierichetto per la prima volta in vita sua. Era molto emozionato: si trattava di andare in scena, entrare nell'ingranaggio di un cerimoniale millenario al quale, con la nonna, aveva fino ad allora partecipato da spettatore. La sua prima volta non in una messa qualsiasi, confusa nel mare di tutte le messe, ma in quella che precede la Pasqua, quella che rappresenta l'ingresso trionfale di Gesù a Gerusalemme, quella che si conclude con la distribuzione dei rami d'ulivo benedetti, raccolti a fasci vicino ai grandi portali, e poi la gente se li porta a casa, li mette in un vaso senz'acqua o li appoggia sul ripiano di una libreria e la casa è protetta per tutto l'anno che viene.

Noi non frequentavamo la chiesa da tanto tempo, non avevamo più l'abitudine alla messa anche se abbiamo sempre conservato una nostra spiritualità e abbiamo avuto tanti amici preti, preti un po' speciali, di quelli fuori dai ranghi. Però la nonna si era incaricata di dare al bambino un'educazione cattolica tradizionale, di iscriverlo al catechismo, fargli frequentare l'oratorio, accompagnarlo la domenica alla messa delle 10:00, quella dei ragazzi, e noi l'abbiamo lasciata fare. In fondo non c'era nulla di male e per lei era una soddisfazione perché gli altri nipoti, tutti ormai grandi, avevano da tempo abbandonato la strada della religione praticata e osservata.

Nostro figlio avrebbe fatto le sue scelte più avanti, com'era stato per noi, ma intanto era stato del tutto naturale che in lui nascesse il desiderio e la curiosità di essere parte della rappresentazione, e le parrocchie, del resto, sono sempre affamate di bambini che abbiano entusiasmo e voglia di partecipare attivamente alla vita della comunità. Anche a me, da piccola, era venuta quella voglia e, da femmina, avevo scelto di far parte della cantoria, anche se non cantavo così bene. Non avevo alternative: a quell'epoca alle bambine non era permesso di essere chierichetti.

Quella domenica, insomma, io e suo padre facemmo un'eccezione e andammo a messa anche noi per vedere nostro figlio con la vestina bianca ricamata. Un po' come assistere alla recita di fine anno della scuola.

La cattedrale era imponente, allestita con grande cura, i banchi traboccavano e c'erano anche molte persone in piedi, in fondo, tutta gente elegante, vestita bene. L'organo suonava, i fiori profumavano, la cantoria – disposta sulla scalinata centrale dietro il grande altare, il saio bianco – cantava, voci di ragazzi e di ragazze. Noi, seguendo i consigli di mia madre, eravamo arrivati in anticipo e ci eravamo conquistati un posto in quarta fila, nella navata centrale, per riuscire a vedere nostro figlio che di certo avrebbe cercato il nostro sguardo, il nostro applauso negli occhi, i nostri sorrisi. E anche noi eravamo vestiti eleganti. Io avevo quarantacinque anni e indossavo un paio di pantaloni neri, una giacca di pelle grigio fumo, una camicetta di seta bianca, décolleté con un tacco adeguato, di mezza altezza, il filo di perle al collo. Mio marito aveva cinquantaquattro anni e il vestito che di solito indossava per i concerti, un gessato nero, la t-shirt nera, le scarpe lucide.

A un certo punto c'è stato silenzio, un vuoto di suono, un buio. Era il segnale d'inizio. Certe volte, per invitare alla concentrazione, l'unico modo è interrompere ogni rumore, ogni musica alla quale ci si era abituati. E infatti dopo quella pausa, che era appunto il modo per richiamare l'attenzione di tutti, per distoglierci dalle chiacchiere e dai pensieri del quotidiano, l'organo ha ricominciato a suonare, ma in modo ancora più solenne, e il coro a cantare, e nella navata centrale si è srotolata una lunga processione di preti, disposti in ordine gerarchico e con i paramenti del rito. Erano rossi, tutti, come si conviene la Domenica delle Palme, tranne il vescovo, che stava in testa, bianco e oro, con la mitra e il pastorale nella mano destra. La processione era maestosa, i sacerdoti procedevano due a due con passo cadenzato, c'erano preti bianchi e persino preti orientali e africani che non ricordavo di aver mai visto. Nei pressi dell'altare la processione si separava, una parte a destra e l'altra a sinistra. Mio figlio aveva ragione a essere emozionato, non si trattava di una messa qualsiasi. I chierichetti erano in fondo al corteo, anche loro disposti per altezza due a due, subito dopo i diaconi e i ministranti.

Ecco mio figlio, è l'ultimo della fila, porta il cestino delle offerte, la sua espressione è composta, seria, è totalmente immerso nella parte, di sicuro starà ripassando mentalmente i passi da fare, i movimenti da compiere. Mi commuovo. Sento il suo batticuore, la paura di sbagliare. Lo saluto piano con la mano tenuta bassa, che non veda nessuno, gli sorrido, lui se ne accorge con la coda dell'occhio, senza muovere la testa, ma dopo quella rassicurazione distoglie subito lo sguardo. La mia è stata una confidenza eccessiva in un momento importante come quello, me lo fa capire. E allora voltandomi verso l'altare, spalle a mio figlio che è ancora a metà della navata, il mio occhio risale la fila dei preti e riconosco, terz'ultimo della processione, sul lato sinistro, proprio dalla mia parte, a pochi metri da me, don B. Lui guarda avanti, manco si accorge di me, e poi chissà se sarebbe in grado di riconoscermi. Io però vedo gli stessi occhiali con le lenti spesse e giallognole a nascondere gli occhi, a farne due fessure da cinese, gli stessi capelli col riporto a nascondere una protuberanza sul cranio, uno strano bubbone che gli avevo toccato con ribrezzo e curiosità da piccola, quell'estate del mio primo campeggio in montagna, con i Lupetti. Che felicità quella prima estate in vacanza da sola, senza i genitori, trentacinque anni prima, un'avventura di camminate e grandi giochi di gruppo e arrampicate sugli alberi. La base era una baita rosa acceso, aperta su un grande cortile destinato ai giochi che sconfinava nella natura aperta e di tutti – a me sembrava infinita – e il ballatoio a fare da corona tutto intorno. Sul ballatoio si affacciavano le camerate dove si dormiva, maschi da una parte, femmine dall'altra, nei letti a castello. Io avevo scelto il letto di sopra, sulla destra, in fondo alla stanza perché avevo la via libera da un lato e il muro a proteggermi dall'altro e a stare sotto mi sembrava di dover soffocare. Ai lati c'erano i due bagni, a destra per le femmine, a sinistra per i maschi, bagni spartani, grandi lavandini comuni, water e un paio di docce, nessuno specchio. Sotto c'era la grande stanza dove si mangiava tutti assieme a pranzo quando non si facevano gite e sempre, di sera, lunghe tavolate quadrettate di plastica lucida. Accanto, credo, la cucina dove si preparavano i pasti, ma quelle non erano zone aperte a noi bambini.

Di quel campo estivo ricordo una sensazione di libertà sfrenata, la prima libertà. E anche se c'erano gli animatori che nei Lupetti hanno i nomi dei personaggi del *Libro della giungla*, Akela, Baloo, Bagheera – Baloo, l'orso, era don B., il prete, perché noi eravamo scout cattolici – era la prima volta che avevo avuto la sensazione di badare a me stessa, cambiare o non cambiare le mutande, scegliere la maglia da mettere al mattino, ridere, confidarmi con le amiche, correre e poi sedermi a parlare di tante cose come fanno i grandi. I momenti che mi piacevano di più erano quelli subito prima e subito dopo i pasti, quando non c'erano attività stabilite, ma si giocava in cortile, liberi, e si faceva quello che si voleva. Allora si creavano i gruppetti, le chiacchiere a capannello, le confidenze, la mia personalità si sviluppava, ero una delle bambine più popolari. In quei momenti di libertà, ero sempre nel cuore delle cose che succedevano, nel bene e nel male. Ricordo una volta che ho fatto un po' troppo la furba, c'era il nostro Akela, il maschio alfa, grande, una specie di mito e noi femmine bambine, ma già un po' smorfiose, gli stavamo tutte intorno, facevamo a gara per farci notare. Lui era seduto su uno spuntone di roccia, io gli ero vicina, molto vicina e per stabilire una comunanza gli ho infilato le mani nella tasca dei pantaloni corti di velluto. Nella tasca c'era il coltello, lui mi ha preceduto nel gesto e mi ha tagliato un dito. Non avevo mai visto così tanto sangue uscire fuori dal mio corpo, una specie di fiume rosso che mi ha sporcato i vestiti, persino le scarpe. Lui mi ha detto: «Non si mettono le mani nelle tasche degli altri, adesso lo sai». Io pensavo che si sarebbe disperato per quello che mi aveva fatto, ma non c'era traccia di pentimento in lui, era duro, mi aveva dato una lezione, e infatti non l'ho dimenticata, però mi ha anche medicato e fasciato il dito e mi ha spiegato che c'era così tanto sangue perché nella mano le terminazioni delle vene sono tantissime, mani e piedi sono le zone più irrorate dal sangue. Così mi ha detto e io era la prima volta che lo sentivo e lo imparavo.

Mi perdevo tra questi ricordi e intanto la messa andava avanti, mio figlio, che ora era al lato destro dell'altare, protetto dal diacono che gli suggeriva i movimenti da fare, quasi dimenticato. I miei occhi erano in realtà fissi soltanto su don B. seduto, compìto, la testa china, le mani giunte in preghiera, insieme ad altri preti nei banchi del transetto laterale destro. Ne spiavo i movimenti e li riconoscevo. Subito dopo la predica del vescovo aveva dato la comunione, nella sua parte di chiesa, quella corta, laterale e aveva baciato il calice dal quale prendeva le ostie, secondo il rito. Erano le stesse mani che mi avevano toccato trentacinque anni prima. C'era il sole, il campo era quasi finito, era uno di quei momenti dopo i pasti che mi piacevano tanto, giocavamo nel cortile, sparsi. Un gruppo di bambini, c'ero anch'io, stava intorno a don B., Baloo. Scherzavamo, ridevamo. Lui era simpatico, aveva modi di fare diversi da quelli che ti aspettavi da un prete, parlava una lingua sciolta, libera e questo ti stupiva perché l'aspetto in fondo era da prete. Non era un tipo che si faceva notare, gli occhiali dalle lenti spesse, questo l'ho già detto, una fronte spaziosa su una faccia larga, la bocca bella, però, carnosa, i capelli di un castano rossiccio con basettoni lunghi e una specie di riporto, i vestiti da prete in borghese, pantaloni scuri, maglione girocollo blu, camicia azzurra col colletto grosso e spesso, assurdi mocassini di pelle scura che non c'entravano niente con la montagna. Io ero la più spudorata, ridevo, scherzavo e a un certo punto, ero dietro di lui, mi accorgo di quella strana protuberanza sulla testa che i capelli, pure pettinati con cura, nascondevano a fatica. Un rigonfiamento di carne, un bubbone. Con piacere e orrore allungo la mano e lo tocco. È un azzardo, lo stesso che qualche giorno prima mi aveva portato a mettere la mano nella tasca di Akela uscendone con un dito sanguinante, una provocazione. Ricordo che lui si è voltato e invece di sgridarmi mi ha fermato la mano nella sua, mi ha messo gli occhi negli occhi e muovendo la bocca carnosa mi ha detto con voce di miele: «Sei curiosa, tu». Ho sorriso di imbarazzo e piacere, lo ricordo. Poi la giornata è trascorsa come le altre fino a sera e siamo andati a dormire, era la nostra ultima notte lì, al campo, poi saremmo tornati a casa. Io normalmente ho un sonno profondo, mia mamma mi ha sempre detto che per svegliare me ci volevano le cannonate, magari fatico ad addormentarmi, ma una volta partita non sento più niente, isolata da tutto e da tutti, manco il terremoto in Emilia ho sentito, e dire che la scossa è stata forte e tutti sono scesi in strada. Quell'ultima notte al campo però mi sveglio, ho la luce di una torcia puntata in faccia e accanto al mio letto c'è don B., Baloo, che mi tocca il sesso infilandomi la mano dentro le mutandine. Non si accorge che mi sono svegliata e io resto come paralizzata, quasi senza respirare. Capisco che c'è qualcosa di sbagliato, è notte, tutti dormono, lui mi sta toccando in un posto segreto, ma cosa posso fare? Urlare? Non sapevo ancora nulla del sesso, e all'epoca pedofilia era una parola sconosciuta, almeno alle mie orecchie. Allora aspetto, fingo di continuare a dormire. Sento calore liquido, ma sono rigida, ogni senso è vigile, lui non si accorge di niente. A un certo punto ritira la mano, rimette a posto con cura le mutandine, ricordo il gesto, la mano che si posa come a benedire sopra il sesso coperto, la torcia sempre puntata in faccia, io non tradisco un movimento. Però approfitto di questa pausa e, come nel sonno, fingo di girarmi verso il muro, stringendo le gambe l'una sull'altra. Non può più fare niente, resta ancora un attimo accanto al mio letto, poi sento che se ne va, esce. Aspetto un po', poi mi giro, mi sollevo a sedere, cerco di guardarmi intorno. Le altre bambine dormono, si sentono i respiri del sonno profondo, non si sono accorte di niente, tutt'intorno è buio, ma io ancora trattengo il fiato, e ancora ho le gambe strette, i muscoli in tensione. Provo a riaddormentarmi, ma non ci riesco. Il silenzio della notte è rotto dalle urla dei gatti in calore, sono strazianti, sembra che lottino, che sia questione di vita o di morte, fanno paura. Decido di alzarmi, non ce la faccio più a restare a letto, e penso che se qualcuno mi vede potrò sempre dire che sono stati i gatti a svegliarmi, che mi hanno spaventata e volevo vedere cosa succedeva fuori. Apro le persiane che danno sul ballatoio, il cielo è scuro e pieno di stelle luminosissime, la notte è bellissima; appoggiato alla ringhiera, la schiena quasi orizzontale sulle gambe leggermente piegate, le mani sulla testa, affondate nei capelli spettinati, come disperato, c'è don B., fuma un pezzo di sigaro. Sente il rumore dei miei passi, si volta: «È da tanto che sei sveglia?» mi chiede con una preoccupazione nella voce. «No, no» mi affretto a rispondere. «Sono state le urla dei gatti a svegliarmi, mi facevano paura» «Allora torna a letto, domani è l'ultima giornata di campo, devi essere in forze» «Sì». Però prima di rientrare nella camerata ci guardiamo per un tempo che ricordo lunghissimo e senza parole e sappiamo tutti e due che c'è dell'altro e io sento la sua disperazione e lui sente la mia colpa che lo rassicura. Non diciamo nient'altro.

Del mattino e della giornata successiva non ricordo quasi niente, solo che volevo passasse in fretta, per tornare a casa il prima possibile. Da don B. sono stata lontana, nemmeno ne ho incrociato la sguardo. Fortissima era la vergogna, l'idea che quello che era successo la notte prima – e io non sapevo bene cos'era, ma avevo la certezza che fosse una cosa brutta, segreta, da non dire a nessuno – era accaduto perché ero stata io a provocare, io a superare le barriere del lecito toccandogli il bubbone. Così come nei giorni precedenti il mio dito si era riempito di sangue perché avevo messo la mano dove non dovevo metterla. Colpa e peccato, entrambi miei, solo miei. C'erano più o meno venti bambine nella camerata, ma lui era venuto da me, da nessun'altra, come seguendo l'odore.

Così pensavo allora e infatti non ne ho mai parlato con nessuno.

E adesso, la Domenica delle Palme, dopo più di trent'anni rivedevo don B. impegnato a fare il suo mestiere di prete, e sentivo la sua pena e la sua sconfitta di uomo, come quella sera, sul ballatoio, le mani tra i capelli.

La messa intanto era finita, il parroco stava ricordando gli ultimi appuntamenti della Settimana Santa, di mio figlio avevo perso le tracce.

Riemergo come da una profondità abissale, lo cerco con gli occhi e lui finalmente mi sorride, sollevato dalla responsabilità del ruolo: è finita! Stringo la mano di mio marito che è accanto a me e non si è accorto di niente, guardo anche lui, mi appendo ai suoi occhi che sono il porto che mi ha curata in questi anni, sorrido anch'io.

A nostro figlio spetta ancora un ultimo compito, è un bel compito, importante, ma gioioso: la distribuzione dei rami di ulivo insieme agli altri chierichetti e al parroco in fondo alla chiesa, tra la gente che esce per tornare nelle proprie case a consumare, finalmente, il pranzo della domenica.

Felicità

Moltiplicazione infinita della stessa foto: terra rossa, cespugli ondeggianti al vento...

C'era una terra rossa, una strada pietrosa che sembrava sulla luna e che pareva non finire mai, tra rocce e sabbia. Intorno solo cielo blu a perdifiato, nemmeno una nuvola, vento e sole e qualche cespuglio di quelli che non chiedono acqua. E poi grilli e l'odore del mare giù, giù in fondo, lontano, mescolato a quello del ferro, e cadaveri di un'altra vita, edifici scheletrici e abbandonati che erano stati villaggi cresciuti intorno alle miniere di piombo e zinco del Novecento. Era una terra di fatiche e bellezze. Era il 22 agosto 2009, quasi mezzogiorno.

Eravamo partiti in macchina senza sapere bene dove stavamo andando. Io mi ero accorta, sulla strada, di aver dimenticato in albergo un paio di scarpe. La sera prima avevamo fatto spettacolo a Montevecchio, ma non era stato davvero lavoro, era semplicemente una parentesi della nostra vacanza. Ci piaceva, quando andavamo in Sardegna l'estate, punteggiare l'ozio di piccoli appuntamenti di lavoro, concerti, spettacoli quasi regalati. Era più che altro l'occasione per conoscere nuova umanità, che sull'isola era traboccante, e nuovi posti che sempre finivano per stupirci e rubarci il cuore.

Gli organizzatori ci avevano raccontato la storia di quella terra di miniere, che era stata una specie di zona franca dove un tempo si batteva moneta e dove lavoro e vita erano una cosa sola: si guadagnava e si spendeva – spesso al gioco o a puttane – senza muoversi di un passo. Le famiglie dei minatori, le mogli, i bambini vivevano nel paese vicino, a Guspini, così quello era un mondo di umanità divisa: le donne da una parte, gli uomini dall'altra e in mezzo c'era solo un lavoro duro che faceva ammalare i polmoni e il cervello. Nel 2009 quella vita non esisteva più, le miniere erano state dismesse negli Anni Novanta del Novecento, l'economia rasa al suolo, i luoghi abbandonati, però c'era un festival militante, gli organizzatori erano figli di quegli stessi minatori, si chiamava "Festival Cantiere di Lavoro Teatrale" ed è lì che avevamo fatto spettacolo, nel mezzo della nostra vacanza. Tra le altre cose gli organizzatori ci avevano raccontato che proprio da Montevecchio partiva la strada per Piscinas, uno dei posti più belli e incontaminati della Sardegna, infinite dune di sabbia bianca e il grande mare aperto, una distesa blu che ruggiva. Così avevamo deciso di andarci il giorno dopo, non avevamo fretta e una scoperta, un'avventura ci stava bene. Eravamo partiti di mattina, io avevo dimenticato le scarpe, l'ho già detto, e la prima parte del viaggio era stata occupata da questo cruccio. Non avevamo però capito fino in fondo com'era la strada per arrivare a Piscinas, un vero viaggio in un'altra dimensione. Nel primo tratto una strada come qualunque altra, quasi di montagna, ma poi, quando si cominciava a scendere, si finiva dritti sulla luna, l'asfalto finiva, finivano le case abitate, nessuno intorno, solo rocce rosse e silenzio e neanche il telefono prendeva più. Però avevamo la musica che usciva dai finestrini e riempiva l'aria. A quel tempo ascoltavamo spesso un album di Ivano Fossati di qualche anno prima, *L'Arcangelo*, quello di *Cara democrazia*. Era diventato un tormentone della nostra famiglia; un po' perché ci piaceva, un po' per la pigrizia di cambiare.

Io ero completamente rapita da quel paesaggio, mi sentivo la pelle calda di sabbia e sale, facevo foto con la mia reflex dal finestrino, mille foto che poi son venute mosse dal movimento dell'automobile ed erano moltiplicazione infinita della stessa foto: terra rossa, cespugli ondeggianti al vento, cave abbandonate, case mangiate dal sale e dalla solitudine che rivelavano la loro anima di ferro arrugginito. "L'amore fa l'acqua buona" cantava Fossati e noi con lui. C'era armonia e bellezza, ma anche disperazione in quella terra e noi tre, mio marito, mio figlio e io, nell'abitacolo e poi Fossati che cantava, ci facevamo più stretti, tra stupore e pensieri. Era un tempo sospeso e noi eravamo come in una bolla. E a un certo punto di quell'album, nella fila di canzoni arriva *La cinese* che non è di sicuro la più bella canzone di Ivano Fossati. Sono quasi convinta che lui la considerasse un divertissement. Non che lo possa dire con certezza, ma questa è la mia impressione. Però noi, quando arrivava, mimavamo immancabilmente una specie di balletto, fatto di *din din din* e di movimenti con le mani e le dita che per noi erano quelli di un orientale. Mio figlio rideva come un matto. Subito dopo quella canzone ce n'è un'altra che per me, invece, è una delle più belle di Fossati, *Baci e saluti*, e dopo tutto quel ridere ci sorprendeva di stupore per la bellezza e la ascoltavamo in silenzio, solo il suono dei nostri respiri e il rumore dei nostri pensieri. E quel 22 agosto, mancava poco all'ora di pranzo, come sempre noi avevamo cantato a squarciagola *La cinese* e fatto il nostro balletto e poi ci aveva catturati lo stupore di *Baci e saluti* ed eravamo stati zitti, c'erano soltanto paesaggio e musica e io guardavo dal finestrino, anche il bambino era calmo, anche lui con gli occhi rapiti dal fuori, da quella bellezza complicata e faticosa, una bellezza rossa e aspra e le orecchie rapite dalla musica. E poi la canzone è finita e io ho detto, nel silenzio che si era creato: «Ma la sentite ragazzi? Questa è la felicità».

dopo

Hammam

Djamel, che vuol dire bellezza in arabo, Parigi, l'università: «Je ne suis pas arabe, j'suis berbère».

Oggi, che siamo quasi in primavera anche se la giornata è uggiosa, ho aperto il regalo di Natale di mio figlio, quello che mi ha fatto con i soldi della nonna, ma il pensiero era suo e me lo ha anche scritto con la calligrafia sua ragnesca sul bigliettino di auguri di accompagnamento. Un percorso completo all'hammam, perché "mamma, più di tutto, hai bisogno di rilassarti".

E così oggi che minacciava di piovere e che venivo da una settimana feroce, ci sono andata. Tre ore in una realtà parallela nella quale mi sono persa e sono uscita quasi nuova, un nuovo stropicciato, ché lo scheletro è quello che è, consumato, ma pulito dentro.

Arrivo, mi spoglio, ciabattine, devo parlare piano, l'atmosfera è ovattata, oltrepasso la soglia ed entro nel mondo del vapore. Prima un caldo leggero, quello dell'area dove si fanno i trattamenti e ci si ristora con l'acqua, poi, nel cerchio magico, un'astronave rotonda e giallo senape di nebbia lattiginosa, col caldo che sale come una risacca e quasi mi fa perdere i sensi e i liquidi, quelli cattivi. Lì dentro i rumori, le voci arrivano a ondate e a ondate, poi si perdono, e io scivolo dentro i miei buchi neri, ci galleggio dentro, il braccio abbandonato.

«Caterina è entrata in menopausa, lo sai?» sento oltre la nebbia di vapore e latte, ma subito il caldo mi porta via, lontano, adesso sono schiacciata contro il muro giallo, le voci non sono più distinguibili, mi abbandono, quasi sento il rumore dell'acqua sui sassi della battigia, poi più niente. «La signora della *beauté berbère*», ma quanto tempo è passato? «La signora della *beauté berbère*!» più forte. Mi scuoto, come se la voce si facesse mano, mi afferrasse e mi riportasse in superficie. «Sono io» e mi tiro su.

Però quel "berbère" è una carezza che mi risveglia i ricordi. A fatica esco dal cerchio magico, dietro la porta fa quasi freddo, dopo tutto quel vapore. Su un lettino di pietra che pare il tavolo anatomico delle autopsie, mi spalmano di sapone nero e comincio già a pensare a Djamel, ventisei anni prima, un'altra vita ancora tutta da costruire, un'altra città, un altro scheletro che mi sorreggeva.

Djamel, che vuol dire bellezza in arabo, Parigi, l'università: «*Je ne suis pas arabe, j'suis berbère*».

Alto, magro, occhi azzurri, rotondi, perennemente spalancati di stupore, occhialini, naso importante, ebreo, bocca carnosa, che puntava come un triangolo, come la prua di una nave a fendere il mare, riccioli biondo cenere, spettinati, l'aria continuamente svagata. Mi è piaciuto da subito. Rientro nel cerchio magico, di nuovo il calore che mi stringe alla gola, di nuovo parto per un'immersione profonda. «Quel maestro di ginnastica è M-E-R-A-V-I-G-L-I-O-S-O...» una voce che si fa primo piano. È un attimo, non sento più niente, sprofondo, abbandono le braccia, le gambe, adesso penso a Djamel, a quella vita lontana. Era povero, figlio d'immigrati algerini, francesi di seconda scelta, viveva nella banlieue nord, quando gli offrivo un gelato o un dolce, era molto goloso, lo mangiava con l'avidità di un bambino, studiava sempre, filosofia, ascoltava ossessivamente John Coltrane con le cuffiette, una cassetta registrata chissà dove, che si sentiva pure male e alla fine me l'ha regalata, note ossessive, dissonanti, taglienti. Baudrillard, Derrida, Deleuze, Lacan. «No, no, io sto con Adorno, Benjamin, non mi piego al postmoderno» gli dicevo. Fa caldo, il corpo si scioglie, mi perdo. Chissenefrega della verità, di Marx, forse hanno ragione loro, i punti di vista si sfaldano, si perdono, tutto si scioglie, tutto scorre, liquido. Fa caldo, affogo. Riemergo: «Stava con quell'altra, la tradiva...» confidenze delle mie compagne di hammam, sudo. E sprofondo ancora: Djamel con una *tarte aux amandes et poires* stretta nelle mani. Come una coppia qualsiasi andiamo al pranzo della domenica da due mie amiche di Genova che abitano a Clignancourt, dall'altra parte di Parigi, un viaggio che non finisce mai, tra RER e metro: «*Tu sais que je ne mange pas du porc*». Beviamo, ridiamo. «La signora della *beauté berbère*». Mi chiamano di nuovo, ritorno, perdo Djamel, la sua bocca, i suoi occhi stupiti, il vino e la *tarte aux amandes et poires*.

Sono ancora una volta sul tavolo anatomico, mi spalmano una maschera di pomodoro e origano che sa di Grecia e di Mediterraneo, poi mi avvolgono nel cellophane, mi coprono con una coperta, cadavere-mummia, io di nuovo perdo i sensi e ritorna Djamel *au Beaubourg*, biblioteca, *quatrième étage*, lui studia, mi dice di parlare piano, io guardo i giornali dell'*Hémérothèque* che mi raccontano del mio paese. A lui piace sentirmi parlare in italiano, non capisce niente, non fa sforzi di fantasia, chiude gli occhi e ascolta il suono, come se le parole fossero una musica. Dormo, buio fino a che mi srotolano, mi liberano dal cellophane e torno nel cerchio magico, il calore mi avvolge subito, non c'è nessuno adesso dentro, solo latte sospeso. Djamel che mi bacia nella camera del mio studentato e non sa baciare come piace a me, ma non importa, io sono in reggiseno, in piedi, lui seduto sul mio letto, sogna un amore da romanzo, forse anche io, siamo giovani, siamo stranieri, è la vita sospesa, come adesso, che sudo e perdo liquidi. Mi chiamano di nuovo. È la volta dei capelli, mi siedo su uno sgabello di legno, due shampoo, si sciacqua con secchi di acqua calda, poi il balsamo e di nuovo cinque minuti nel cerchio magico. Appuntamento il 15 agosto sotto la *statue de Baudelaire au Jardin du Luxembourg*. Letteratura. Quando ho lasciato Parigi a fine maggio, in aereo, ho acquistato un biglietto di andata e ritorno perché conveniva e la convenienza era una scusa per non lasciare la mia giovinezza. Parigi è deserta, è Ferragosto, sono passati quasi tre mesi, io non so se lui ci sarà e lui non sa se ci sarò io, non abbiamo nessuna certezza. Però ci siamo, tutti e due, siamo uguali, ma siamo molto diversi, un bacio di imbarazzo, dopo le lettere che ci siamo scambiati in quei mesi lontani dagli occhi, un dolce in rue Mouffetard, come facevamo prima, i boulevard vuoti, srotolati solo per noi, il caldo che soffoca. È tutto finito, lo sappiamo, ma camminiamo per mano. Mi chiamano, il balsamo va sciacquato. Djamel se ne va, è l'ora del massaggio, la musica berbera è nell'aria, ma il caldo svapora, io riemergo per non immergermi più. È finita. Di lui non mi resta neanche una fotografia. Asciugo i capelli. Il tè marocchino, i biscotti. Si scende, il lettino è morbido, mi sdraio. La ragazza ha mani sapienti, chissà se sente i buchi neri che ho attraversato, se insiste dove mi sente più fragile e indifesa. C'è una coreografia stabilita, precisa, pressioni e carezze, dai piedi alla testa, ma a volte mi sembra che la mano devii, che risponda alle chiamate dei muscoli, i miei, e ai pensieri. Chissà. È giovane, la ragazza, e il mio scheletro è quello che è. Mezz'ora di olio di argan e di mani che percorrono la pelle. È una meraviglia. Sono nuova, quasi nuova.

Esco che piove più forte, per fortuna avevo l'ombrello. Cammino leggera, mio figlio è uscito con un amico a mordere uno dei suoi primi sabati da solo, ho la serata tutta per me. La casa è grande e silenziosa. Mangio la frittata di Renza, il formaggio del pastore di Bossolasco, un bicchiere di rosso. Ho cinquant'anni, milioni di ricordi.

Le mie morti

Mi sono tornate addosso le fini e l'atrocità insostenibile della linea retta...

Mia nonna materna era sempre stata per me solo una vecchia con i capelli grigi e unti raccolti dietro la nuca, seduta al tavolo della cucina vicino alla finestra, la domenica pomeriggio. Niente di più. Però sono stata assente da scuola il giorno che è morta, facevo la quinta elementare, e la giustificazione era di quelle importanti, da raccontare. Mia madre ha voluto che assistessi alla chiusura della bara, la fiamma ossidrica e il legno che si chiude per sempre sul volto di mia nonna al quale la morte aveva regalato vent'anni di meno e una maestosità altera nell'espressione. Ho pensato, nella mia ingenuità di bambina, che non provava nessun dolore, che dovevo invece dire una frase, una frase importante, intanto che mia mamma mi stringeva la mano e lei sì, piangeva, ché le sue radici si stavano tagliando per sempre, e così ho sussurrato: «Ma la nonna non può respirare più se la chiudono lì dentro, soffocherà». E mica ci credevo, sapevo già cosa voleva dire morire, smettere per sempre di respirare, sparire alla vista, ma ho finto la sprovvedutezza, così mia madre si è chinata, ha sorriso, mi ha accarezzato e mi ha voluto più bene.

A zia Rina volevo bene davvero, aveva accompagnato ogni passo importante della mia vita. Però quando è morta ero nel pieno degli anni e pensavo di averli io tutti i problemi del mondo, ed ero confusa e assetata di tutto, non potevo fermarmi più di tanto e neppure abbandonarmi alla nostalgia. Così anche quella morte sul momento è scivolata via in fretta per ritornare, pungente, molti anni dopo.

La morte di Luca e della sua giovinezza, invece, è stata la prima che mi ha dato uno schiaffo forte, di quelli che ti fanno stramazzare a terra. Luca è morto a trentasette anni per un melanoma che sembra avere un nome gentile e invece è una merda che nasce come un neo, una cosa da niente, e finisce col mangiarsi tutto il corpo. Prima i dolori alla schiena, poi le gambe paralizzate e per finire, e per fortuna, la pazzia quando le metastasi arrivano al cervello e non c'è più niente da fare se non aspettare che la morte arrivi e serve solo la morfina. Mi ricordo quando la prima volta è arrivato a casa il bombolone dell'ossigeno e lo portava un ragazzone che doveva averne viste di ogni colore e però di fronte alla giovinezza di Luca si è lasciato scappare: «Ma io pensavo fosse per un vecchio» e quasi si è commosso. Luca era il mio primo marito, ci siamo sposati senza sapere che eravamo poco più che bambini. Era di una bellezza fragile e delicata, ma io non lo amavo più da tanto tempo e ci eravamo lasciati, separazione consensuale davanti al giudice, in piena armonia, anche se l'affetto profondo era rimasto e così la frequentazione assidua e così la necessità. Quando la malattia è scoppiata, sono tornata da lui e gli sono stata vicina fino alla fine, anche se ero già innamorata di un altro in ogni fibra ed era un amore di quelli che strappa i capelli. Sono stati cinque mesi intensi, a vegliare il consumarsi del corpo, ma anche quella volta, in fondo, la vita chiamava ed era più forte della morte che avevo sotto gli occhi e sulle mani. Avevo solo trentatré anni, ancora tante cose da fare. Luca è morto in maggio. È seguita un'estate vuota e sorda e immobile, poi tutto è ricominciato.

E tante cose sono venute dopo, tanta vita. Anche un bambino.

La morte di mio padre è stata più naturale, anche se dolente perché a lui ero molto legata. Però una morte della quale farsi una ragione. Aveva quasi ottantasette anni e una vita piena alle spalle. Era un pomeriggio di marzo. Io avevo già un figlio, che faceva l'asilo e quel giorno sono andata a prenderlo prima del tempo, per dargli la notizia. Mio marito era a Genova per suonare. «Se vuoi torno» mi ha detto, quando gli ho telefonato e stavo piangendo sul divano di pelle del salotto della casa dove sono nata, ma gli ho risposto che no, andava bene così, ci saremmo visti la sera. Il funerale è stato maestoso, mio padre era un ex capo partigiano, molto importante per la mia piccola città e anche se al governo, in quel momento, c'era la destra, hanno portato la bara a spalle per un bel pezzo della via centrale, le serrande dei negozi abbassate, e poi in piazza Duomo, sotto i portici, perché pioveva, hanno fatto il discorso.

Avevo una vita felice all'epoca, il figlio tanto desiderato, un marito che amavo, molto lavoro, mi sono ripresa in fretta. Quand'ero giovane, siccome ero figlia tardiva di genitori anziani, ero ossessionata dalla morte dei miei, mi immaginavo sola presto, sradicata e abbandonata, e invece era andata diversamente, come doveva andare secondo le leggi naturali, e mio padre mi ha lasciato quando avevo quarantadue anni, sistemata e affidata.

Ma poi ho conosciuto la morte più grande, quella dell'amore che strappa i capelli. Di nuovo un tumore cattivo, il più cattivo di tutti anche se il nome era di nuovo gentile, glioblastoma, e di nuovo mi è toccato vegliare il devastarsi di un corpo, questa volta accanto a una vita, quella di mio figlio, che invece pulsava e fremeva e cresceva. Avevo quarantasette anni, mio figlio ne aveva dieci, ero a metà di tutto, i desideri calmati, ma non ancora assopiti. Ho sentito – e ancora la sento – la colpa di essere viva, il dolore del sopravvissuto che ancora respira e ne sente la voglia e il piacere, ma non vorrebbe. Il piacere di un frutto maturo, di un vino, la curiosità di guardare dietro l'angolo e di sapere cosa ci sarà domani. Maledetta curiosità.

E oggi, che se n'è andato un mio antico amore che non vedevo da più di venticinque anni e l'ho saputo quasi per caso, mi sono tornate addosso d'un colpo tutte le morti, la giovinezza per sempre perduta, il regno del possibile, mi sono tornate addosso le fini e l'atrocità insostenibile della linea retta a unica direzione che non torna indietro, nessuna flessibilità, piuttosto si spezza e non c'è niente da fare, nessuna volontà per quanto titanica la può ricucire.

Autoscatto

Un naso, una bocca, uno sguardo non valgono niente senza la vita che ci alita dentro…

Da quando esistono i selfie, me ne faccio molti. Non si tratta di vanità, ma piuttosto di insicurezza. Mi fotografo quando mi sento bella e mi sono agghindata a festa e dentro lo schermo invece mi ritrovo artificiosa, sempre un po' sbagliata; mi fotografo quando sono in pigiama e struccata, con i capelli scarmigliati; certe volte mi fotografo nuda, i seni cadenti. Ho capito che la luce bisogna averla davanti a te e non dietro e che ci sono angolazioni nelle quali vengo meglio, ma è una mezza truffa e io lo so. Per lo più, però, uso la fotocamera come uno specchio ravvicinato e impietoso per controllare i difetti e i segni del tempo che passa, la pelle del collo che si rilassa, le pieghe ai lati della bocca che si fanno più profonde. I selfie mi restituiscono con crudeltà il passare del tempo che nella vita di tutti i giorni sembra invece presente eterno, immobile. Ho cinquant'anni, mi tengo sotto controllo, un po' mi commisero, un po' mi consolo, un po' cerco di guardarmi con gli occhi degli altri.

Non sono mai stata bella e non mi sono mai piaciuta per davvero, anche se col tempo ho imparato a valorizzarmi, a usare l'intelligenza per farne forma estetica, per farne piacere fisico. Ho un naso ingombrante che infanga tutto il resto: la bocca che un tempo è stata bella – me lo ha detto anche Romano, il sarto che mi cucì il primo abito da sposa – gli occhi profondi, di un verdeazzurro intenso. Ancora adesso, anche con la palpebra che scende stanca, anche con la luce dentro che si è appannata, spenta, restano a dispetto di tutto gli occhi di una bambina, curiosi.

Il naso, però, rovina tutto. Mi arriva da mio padre e prima ancora dalla mia nonna paterna, che non ho mai conosciuto. Di lei mi restano poche foto satinate in bianco e nero nelle quali sembra già morta, un sorriso appena accennato, ma enigmatico, lo stesso che aveva mio padre, gli occhi nebbiosi, i capelli raccolti. Tutto ciò che in mio padre era bellezza, lo riconosco sul suo volto di madre, ma in lei diventa inspiegabilmente bruttezza. La trasmissione dei tratti somatici tra le generazioni – un naso, una bocca, uno sguardo – non vale niente senza la persona, senza la vita che ci alita dentro e li anima. Siamo radice che produce rami inaspettati, è questo il bello e il brutto della vita: la sorpresa. Lo stesso naso in mio padre era personalità e bellezza, in mia nonna un anticipo delle sue fatiche, in me un ingombro di fragilità. Per fortuna mio figlio ha un naso diverso, ereditato da suo padre, dai suoi avi mezzo siciliani mezzo arabi mezzo chissà cosa, un naso dritto, narici eleganti, perfetto.

Ricordo una volta che avrò avuto quattordici anni, età difficile nella quale non hai nessuna certezza, ti muovi su terreni paludosi e malfermi e basta niente per farti cadere, ecco, ricordo, che quella volta sono andata al cinema da sola. Un atto di coraggio a quella età, in una città di provincia di fine settimana. Era lo spettacolo delle 20:00, la sala non era piena, però c'erano coppiette e gruppi di ragazzi, compagnie miste di maschi e femmine, amici, sparpagliati tra le poltrone. E poi c'era la mia solitudine accomodata nelle prime file, quelle che non vuole mai nessuno perché lo schermo è troppo vicino agli occhi e quando ci sono i primi piani, i volti degli attori ti arrivano deformati. Non ricordo nemmeno più quale film fosse e di cosa parlasse e del perché fossi andata da sola a vederlo di sabato sera, probabilmente era stata mia madre a convincermi a uscire, però ancora sento sulla pelle come fosse adesso l'imbarazzo dell'intervallo, di quando la pellicola si è interrotta e le luci si sono accese, livide, sulla sala e su di noi affondati nelle poltrone. Ricordo me abbandonata alla mia solitudine, esposta, oscena, inusuale, e ricordo le ciance degli altri, dei gruppi numerosi di amici, le voci che si sono fatte forti, le risate. A un certo punto, distinta, ho riconosciuto una voce, quella di Fabrizio, che è emersa tra le altre e che ha detto, forte, con spavalderia, incuneandosi come una parentesi in un varco di silenzio: «Non capisco che gusto ci sia ad andare al cinema di sabato sera da soli… con quel naso, poi…» e via, subito, una risata di tutta la ciurma, perché a quel punto era arrivato l'affondo e l'offesa crudele, una risata mitragliata contro la mia schiena che non si è voltata mai, nemmeno per un istante. Fabrizio era un ragazzo popolare all'epoca, un belloccio con i capelli lunghi e il ciuffo, un sorriso largo, contagioso. Succede sempre, del resto, che ci sia un ragazzo belloccio e popolare tra gli adolescenti di una piccola città di provincia. E succede sempre che ci sia una ragazza sola, col naso importante, ma coraggiosa, da prendere di mira. In mezzo ci sono un sacco di indifferenti, inutili coprotagonisti di una commedia: in genere sono quelli che ridono, la risacca delle onde che altri portano sulle spalle. Perché è innegabile che io e Fabrizio, in modi diversi, fossimo i protagonisti.

E poi ricordo una volta all'oratorio che c'era una ragazza povera e un po' scema, non tutta finita, succede, una ragazza problematica, che stava in mezzo a noi per pietà cristiana e gli animatori la tiravano in mezzo ai giochi e a tutte le attività che facevamo, ma che era inutile e d'impaccio alla nostra normalità. Aveva i capelli neri a caschetto, con la frangetta e una certa malagrazia in tutto, nel modo di muoversi, grossolano, nei tratti del volto, nella bocca sempre un po' digrignata. Però aveva un naso perfetto, bellissimo, che si perdeva inutilmente su quel volto senza personalità e futuro. E ricordo che io con lucidità e crudeltà ho pensato che non fosse giusto, che avrei voluto strappargliel o e mettermelo addosso io, quel naso. Con un pensiero così forte e intenso che quasi si è fatto gesto, ho pensato che a lei non servisse a niente, proprio a niente, e che per me, invece, sarebbe stato la patente per la vita che mi mancava. Per qualche minuto ho seriamente pensato di proporle un baratto che lei di sicuro avrebbe accettato. Gli adolescenti e i bambini sono crudeli, anche quelli bene educati, anche quelli intrisi di carità cristiana, sono senza filtri, sentono e procurano danno. E così anche io ho offeso e sono stata offesa.

Mi ero fatta promettere da mia madre che a diciott'anni, anche se era costosa, mi avrebbe regalato la plastica al naso. Contavo i giorni, nelle tasche questa certezza. Aggiustare ciò che la natura aveva fatto sbagliato: questa pensavo fosse la soluzione a tutti i miei mali, alle malinconie che mi attraversavano, all'infelicità che mi sentivo addosso, cucita in ogni cellula della pelle. Poi è successo che quando di anni ne ho avuti diciassette, una mia amica del liceo, un anno avanti a me, anche lei con un naso importante, forse persino peggio del mio, una brunetta simpatica, con un grande senso dell'ironia, si è fatta la mitica operazione e ha esposto sulla sua faccia un piccolo naso alla francese. Il naso era bello, per carità, minuto, elegante, ma lei non era più la stessa. Quando parlava o rideva, le sue piccole narici vibravano di movimenti innaturali, i suoi occhi si erano distanziati e il viso aveva assunto un'espressione completamente diversa, senza quel lampo di ironia malcontenta che sempre l'aveva accompagnata. Così, senza dirmelo espressamente, ho preso allora la mia decisione e dell'operazione al naso non ho parlato mai più. Ho scelto di portarmi addosso per sempre l'impronta di mio padre, e soprattutto quella di mia nonna. La nonna sbiadita delle foto in bianco e nero, che non ho mai conosciuto.

Galleggiare

La morte che si prende la vita, una finestra, il bianco delle lenzuola, le mani, gli occhi, un telefono.

Ricordo con precisione il momento in cui ho cominciato a essere una vedova. Mio marito era ancora vivo, è stato ai primi di dicembre, le feste di Natale dovevano arrivare di lì a poco, ma già si annusavano nell'aria, il freddo albergava fuori dalla finestra. È stato il giorno dopo quella foto con Nada che era venuta a trovarci nel tardo pomeriggio, ricordo ancora il calore della casa illuminata e il buio sceso in fretta fuori dalle mura. È stato il 4 dicembre 2015, un anno esatto da che lui, il male, si era annunciato. La data di quella fotografia, il 3 dicembre, è l'ultima nella quale ho pensato che sarei stata più forte io, che saremmo stati più forti noi. A dispetto della diagnosi iniziale – «È questione di settimane» mi disse la dottoressa d'un fiato, fuori dall'ospedale, faceva freddo, le mie gambe cedevano – il male infatti era regredito. "È merito dell'amore" mi dicevo io. D'estate eravamo andati a Lampedusa, nuotavamo nel mare quando la giornata finiva e il sole era meno forte. Mio marito era debole, è vero, i suoi muscoli asciugati, le gambe incerte, le mani esitanti, i movimenti come rallentati e anche le parole, ma ce l'abbiamo fatta, abbiamo avuto la nostra vacanza sull'isola.

A riguardarla adesso, quella fotografia, anche se mio marito sorride nella nostra cucina, stringe con la sua grande mano la spalla di Nada e il suo volto non è ancora così scavato, mi accorgo che il male era sempre lì, acquattato. Era nel suo occhio sinistro fisso, come di vetro, inespressivo, mentre quello di destra, vivo, ancora umano, più piccolo, combatteva, si sforzava di fingere che fosse tutto a posto, tutto normale. E noi ci siamo cascati, tutti. Anche io ho avuto occhi che non hanno saputo guardare. Eppure proprio in quel momento c'è stata la grande vittoria del male sogghignante, quella di chi sa di essere più forte, e quasi si diverte a concederti un'illusione, per poi farti sbattere la faccia più forte. Il giorno dopo quei sorrisi e quei bicchieri di vino che ci siamo scambiati, mio marito è stato male, è caduto, ed è stato subito chiaro che questa volta era irreversibile, irreparabile.

Il tempo che è passato da quella foto, tre mesi, quasi una stagione che abbiamo visto mutare dal nostro balcone, è stato nient'altro che il tempo di attesa della morte travestito da vita normale. Una vita casalinga come mai l'avevamo avuta noi due, Matteo, uno dei gemelli, figlio di mio marito, che è venuto a stare con noi tre per un certo tempo, una vita regolata da mille piccole incombenze. La spesa al mattino dopo aver portato a scuola nostro figlio, il ritiro delle analisi nel primo pomeriggio, i pasti consumati insieme a parlare di altro, sempre verdura cruda all'inizio ché si diceva fosse anticancerogena, gli impegni scolastici e sportivi e sociali del bambino, la lettura di romanzi ad alta voce, lui steso sul divano, io accucciata sul tappeto a dare voce alle parole scritte, le cure inutili, sempre più complicate, le flebo e il balletto di pastiglie, garze, aghi, morfina che scorre nelle vene viola. E, su tutto, il male ancorato saldamente alla spalla di mio marito, quarto abitante della nostra casa, a guardare le nostre coreografie dall'alto, a ridere, a prendersi sempre più spazio, tutto lo spazio. La malattia senza speranza si porta dietro una selva di oggetti che si acquistano a fondo perduto: sedie per riuscire a fare la doccia, deambulatori con appoggio a tavolo, rilevatori di ossigeno digitali, materassi antidecubito, sedie a rotelle con wc incorporato. È stato lì, nel mio essere stata testimone oculare e impotente della fine, che è incominciato il lutto e anche l'amore più intenso, più puro mai provato, quello che ancora mi tiene avvinghiata, ed è una maledizione. L'amore che è cura senza obiettivo e che dimentica ogni ombra, ogni mancanza, ogni difetto, l'amore che cammina, nonostante tutto, che non ha altro fine che se stesso. Prima il mio amore era imperfetto, ma umano. È stato lì, in quel momento, che ho cominciato a perdere acqua dal mio corpo, che sono diventata infeconda. È stato lì che ho cominciato a essere una vedova, anche con un vestito rosso addosso e i capelli freschi di parrucchiere. Eppure non ho fatto niente per prepararmi alla morte di mio marito: non ho ritirato i soldi in banca, non ho previsto una tomba.

Mio marito era la mia vita, il mio panorama quotidiano, il mio respiro e il nostro è stato un grande amore, ma tormentato. Siamo stati insieme, tra alti e bassi, diciotto anni, sposati per quasi undici, entrambi per la seconda volta. Insieme abbiamo fatto un figlio, anche se lui non voleva, ma poi è stato il migliore dei padri. Ci siamo conosciuti che io avevo da poco compiuto trent'anni e lui trentanove e diceva che la sua vita era finita. Aveva alle spalle un divorzio difficile, due figli e nel suo presente c'era una compagna che stava in Francia e che vedeva una volta al mese, senza troppe complicazioni. Gli andava bene così, non aveva più aspettative dalla vita, né curiosità, mi aveva detto. Io invece, pochi minuti dopo averlo conosciuto e baciato sugli scalini di una piazza di provincia, ho pensato: "Questo me lo sposo". Ho sentito la sua forza, la sua solidità che camminava abbracciata alla sua tenerezza. E poi era bello, di una bellezza trascurata, riccioli neri, occhiali, baffi, due mani grandi, forti, che sapevano stringermi. Abbiamo cominciato una relazione che è andata avanti clandestina per quasi cinque anni, ogni giorno come fosse l'ultimo, innumerevoli i tentativi di lasciarci. Non ho mai più fatto l'amore come in quel periodo, con quell'intensità affannata e anche un po' rabbiosa, con quella fame. «Ti conosco come se ti avessi fatta io» mi diceva sempre. Poi, a un certo punto, lui ha deciso, ha rotto col passato e siamo diventati regolari, ci siamo comprati una casa, sono rimasta incinta, ci siamo sposati. La festa del nostro matrimonio è uno dei ricordi più belli della mia vita, ranuncoli rossi tra i capelli e sorrisi che non finivano mai. È cominciata la vita felice: famiglia, lavoro, tutto insieme, tutto mescolato. Ma la felicità non è per sempre e la quotidianità, i giorni dopo i giorni, è rassicurante, ma anche traditrice. Così, nella sicurezza del matrimonio, della casa, di un figlio, sono anche arrivati, inevitabili, gli alti e i bassi, le parole sempre più rarefatte, quelle necessarie al fare. Chi fa un figlio per rafforzare la coppia sbaglia di grosso. L'arrivo del bambino, che è stata una gioia immensa, ci ha anche separati. Prima vivevamo in simbiosi, sempre in giro, partenze, arrivi, ripartenze, tanta umanità da incrociare insieme. Con un figlio le cose hanno cominciato a cambiare. Perché un figlio ti fa padre e ti fa madre, ti dà un ruolo e molte responsabilità e poi, a mano a mano che cresce e che si disegna anche lui un posto nel mondo – asilo, scuola elementare, compleanni, amichetti, desideri, voglie – impegni sempre più serrati e l'obbligo alla stanzialità. Almeno per uno dei due. Da nomadi complici che eravamo, e con la casa che era un rifugio solo nostro tra un viaggio e l'altro, ci siamo ritrovati a dividerci i compiti: lui sempre in giro per concerti, costretto certe volte a fatiche enormi di viaggi di rientro per stare con noi anche solo per un giorno, io impegnata a casa tra le esigenze del bambino e quelle del mio lavoro. Organizzavo concerti che poi non vedevo, spettacoli che non riuscivo a seguire. Vita serrata, organizzata, pratica. E invece l'amore ha bisogno di inutilità, di spreco, di tempo vuoto, di pazzia. L'amore è sregolato.

Così anche noi, che sembravamo la quintessenza della felicità, abbiamo conosciuto la Grande Crisi.

Io ho aperto le finestre, mi son guardata intorno, ho cercato altrove le parole inutili, leggere che mi mancavano. Non c'è stato il tradimento dei corpi, non ci sono state altre bocche, altre mani sui fianchi, altri sessi nel mio, ma c'è stato il tradimento dei pensieri, del nostro progetto. C'è stato il tradimento della pazienza. Una Grande Crisi fatta di silenzi e poi di botte, di urla, di porte sbattute, di valigie sul letto, di notti a dormire in macchina. Infine ci siamo ritrovati. Non è stato facile, però ce l'abbiamo fatta. Ce lo siamo detti un giorno, lo ricordo bene, che lui era sul divano rosso del mio studio e io seduta alla scrivania. E nel dircelo i nostri occhi avevano l'imbarazzo e il desiderio delle prime volte. E allora io mi solo alzata, mi sono accucciata ai suoi piedi, la testa sulle sue gambe e le nostre mani hanno ritrovato la strada giusta, la nostra.

Pochi mesi dopo lui si è ammalato. E poi è andata com'è andata.

Mio marito è morto un po' dopo le 9:00 del mattino, il penultimo giorno di marzo, sdraiato sul fianco destro per evitare il decubito. Ho fatto giusto in tempo ad arrivare da lui, dopo aver lasciato nostro figlio a scuola – doveva entrare in classe alle 8:30, faceva la quinta elementare, quel giorno aveva in programma una gita. Lui sapeva che suo padre sarebbe morto, ma faceva finta di non pensarci. Un bambino non può ancora capire per davvero la morte, non ne ha fatto esperienza. Mi ero presa io l'incarico di dargli la notizia, si meritava che sua madre gli dicesse la verità. È successo un giorno che l'ho portato a pranzo in un bel ristorante e sembrava una festa, noi due da soli, in mezzo alla settimana, a mangiare prelibatezze. Parlare di tante cose, ridere, scegliere il menù più goloso e avere in testa il pensiero fisso di arrivare, infine, a quell'argomento inaccessibile, a quella violenza necessaria per il dopo. E così ho affrontato i suoi occhi persi e spaventati, liquidi di pianto trattenuto, il suo silenzio e poi la sua bocca che diceva, per convincere più che altro se stesso: «Mamma tu vedi sempre tutto nero».

Mio marito stava in un istituto alla periferia della città ad aspettare di morire, incosciente da più di dieci giorni. Io l'avrei voluto a casa, ma tutti me l'hanno sconsigliato, mi hanno detto che ero matta: col bambino sarebbe stato ingestibile. Quella mattina era nell'aria che sarebbe stata l'ultima. Io ero spalle alla finestra, entrava il sole, la giornata di primavera cominciava, gli tenevo la mano che era già bianca e come di carta velina trasparente, con le vene viola che disegnavano una ragnatela. Lo guardavo, gli parlavo, ma lui niente, immobile, solo questo respiro a fatica e l'apnea che diventava sempre più lunga e io che la seguivo col mio, di respiro. Avevo paura, ma cercavo di non darlo a vedere nemmeno a me stessa. Poi squilla forte il cellulare, rompe il silenzio, quell'attesa irreale. E mio marito, come scosso, spalanca gli occhi all'improvviso, occhi vuoti, vitrei, sbiaditi, ma ci guardiamo, fissi, ancora una volta, l'ultima. «Perdonami» gli soffio in quegli occhi, pensando ai giorni nei quali ci eravamo perduti, anche se il perdono c'era già stato. Ed ecco che è finita, l'apnea diventa eterna, gli occhi che per tutta la vita erano stati come anguille nere, si chiudono. Non c'è stato il rantolo che mi avevano raccontato, e che mi angosciava, è stato tutto molto discreto, ma intenso. Ecco la fotografia della morte che si prende la vita, una finestra, il bianco delle lenzuola, le mani, gli occhi, un telefono.

Di lì a una settimana avrei compiuto quarantotto anni, mio marito ne aveva cinquantasette, di mestiere faceva il musicista e il cantautore. Eravamo a metà di tutto, e adesso io ero sola.

Il funerale si è fatto il 1° aprile, pareva uno scherzo. Pioveva forte. Io mi son messa il tailleur nero e le scarpe con il tacco, perché lui ci teneva a vedermi vestita da donna e non lo facevo quasi mai. Mi sentivo impacciata, anche scomoda, avevo freddo, pareva tornato l'inverno, ma la gonna e i tacchi mi sembravano un regalo per lui. Anche nostro figlio l'ho vestito elegante, la giacca blu, la camicia bianca e anche lui si sentiva impacciato, ma mio marito diceva sempre che nelle occasioni importanti bisognava mettersi eleganti e persino a Natale, in famiglia, quando tutti noi ne approfittavamo per mandare al diavolo la forma, lui, che di solito era sempre stropicciato e "polveroso", come gli dicevo io, si presentava impeccabile, col vestito nero e le scarpe lucide. Così tutti e due, mio figlio e io, agghindati assurdamente a festa, siamo arrivati in chiesa.

Se ripenso a quei momenti è come se mi vedessi dall'alto: noi, due puntini che camminiamo veloci, e più che camminare voliamo, a testa bassa, tra due ali di gente che ci guarda come si guardano gli animali allo zoo, con un misto di curiosità e pena. Ogni tanto qualcuno si buttava in avanti, rompeva le righe del riserbo, a baciarci, e a dirci: «Condoglianze». In genere erano quelli che conoscevo meno, spuntavano fuori all'improvviso, facce e bocche e baci sconosciuti, disturbanti. E la pioggia cadeva, il freddo penetrava nelle ossa. Poi la messa, la bara, sola, protagonista, al centro, coperta di rose bianche, noi in prima fila che non riuscivamo nemmeno più a piangere, il violoncello ha suonato, abbiamo chiesto per cortesia che nessuno parlasse, tranne il prete, e così è stato. Alla fine di nuovo una fuga, troppe mani che volevano stringerci, troppe bocche che volevano baciarci. Io ho circondato col braccio mio figlio come per proteggerlo, era spaventato da tutta quella gente che ci voleva toccare, la testa sempre bassa, il rumore intorno, i passi, i lampi degli sguardi che arrivavano comunque e dovunque. In macchina siamo andati al cimitero del nostro piccolo paese, tanta gente anche lì, una distesa colorata di ombrelli nel grigio della giornata. Toccava a noi stare vicino alla buca, a quella pancia di terra che se lo sarebbe preso, insieme alla fede del nostro matrimonio, al piccolo portachiavi che gli aveva regalato nostro figlio per la festa del papà, pochi giorni prima, e alle rose che gli abbiamo gettato. Pensarlo là sotto ancora adesso, che sono passati anni, mi fa gelare il sangue e sono arrivata a odiare l'erba di trifoglio che cresce rigogliosa sopra quella terra nutrita da lui, anche se non l'ho mai detto a nessuno. Comunque quel giorno è finito con una specie di festa, gli amici più stretti a bere tanto e a mangiare, è finita che eravamo tutti ubriachi per ammazzare la tristezza e abbiamo riso anche di cose che non facevano ridere.

Tutto finito.

Una vita di amori e litigate rabbiose, di passioni forti, di fatica, di esserci. Finita.

Non te ne rendi conto subito, anche se la vedovanza era già cominciata da un pezzo. O piuttosto, sì, te ne rendi conto in un lampo che non c'entra con il pensiero e che è una stilettata profondissima e veloce, nella quale c'è tutto, così chiaro da accecare, allora vacilli dentro di te, quasi cadi, ma l'istinto di sopravvivenza finisce per vincere e tu dici che sei triste, ma sei già da un'altra parte, sull'altra riva del fiume, hai già una specie di salvagente che ti aiuta a tener fuori la testa dall'acqua. E ti odi per questo. Da quando lui si è ammalato ed è stato subito chiaro che non ce l'avrebbe fatta, ho cominciato a chiedermi se è peggio per chi va o per chi resta. Lo chiedevo a me stessa, ma anche, a volte timidamente a volte con rabbia, a qualcun altro. Tutti mi hanno sempre detto che è peggio per chi va perché perde la vita, la possibilità di continuare a fare esperienze e scoperte, io invece credo che sia peggio per chi resta e porta il peso della vita che chiama, nonostante la perdita e la voglia di farla finita anche tu.

Comunque sia, il giorno dopo, 2 aprile, nostro undicesimo anniversario di matrimonio, come sospesa, sono andata a pagare le pompe funebri e prima, cosa eccezionale, ho fatto colazione al bar con caffè e croissant alla marmellata. Poi sono andata in banca a fare firme, infine sono tornata a casa a cercare di salvare una magnolia. L'orchidea era sbocciata. La vita andava avanti.

Il giorno dopo ho iniziato ad avere il cuore in gola, come un principio di infarto, e così è cominciata la mia vita a base di Xanax e Sertralina. Bisognava con urgenza mettere una toppa al dolore, bloccarlo sul nascere, seppellirlo giù, giù in fondo. Ho ricominciato a lavorare anche se un lavoro vero non ce l'avevo più, da più di un anno lo avevo messo tra parentesi, dovevo essenzialmente portare a termine impegni già presi. E però ho ricominciato a muovermi, a cercare di fare progetti, a scimmiottare una vita normale con mio figlio. Volevo essere forte, inarrestabile, volevo che mi dicessero: "Brava!" Gli altri, quelli di fuori, mi trattavano con delicatezza, come una statuina di porcellana della quale già si indovinano le crepe. È andata avanti così fino a settembre, poi sono crollata. Stavo a letto tutto il giorno, mi animavo soltanto per mio figlio alle ore dei pasti, colazione, pranzo e cena, e per organizzargli la giornata: scuola, sport, strumento musicale, baby-sitter, poi niente. Il lavoro abbandonato a se stesso, i debiti che si accumulavano. Mio figlio continuava a essere un piccolo robot, pareva non soffrisse, ma dopo qualche mese ha cominciato a diventare sempre più nervoso, infiammabile, infine mi ha detto come in uno scoppio che basta, non ce la faceva più a vedermi così, a vivere così. Da lì ho cominciato a risalire, piano. Ho fatto ordine, doloroso, nel lavoro e nella vita, ho cercato di convincermi che come prima non potevo tornare, che il mio era un incubo senza risveglio, che sopravvivere muovendo i polmoni e il respiro, non bastava, anche se a me sarebbe piaciuto.

Vedova è una brutta parola di stato civile, mi stride nell'orecchio ogni volta che la pronuncio o la sento pronunciare. Mi sono sempre ribellata. Ancora oggi che sono passati anni dalla morte di mio marito: «Sono la moglie» dico ostinata «non sono la vedova» perché di quella parola non voglio accettare il senso, pur vivendolo sulla mia pelle. L'origine del termine sta in un aggettivo latino: "vidua", che significa "vuota, deserta, spogliata, privata".

Una vedova è una persona privata di qualcuno, di qualcosa e la privazione è così assoluta che genera un vuoto, un deserto. È parola che ha a che fare con l'aridità del terreno, la mancanza di fecondità, la mancanza di acqua che è il motore di ogni vita. La parola vedovanza parla di una sete che non si placa, di una fame che non si sazia, di un paesaggio senza mappa. È una giusta definizione perché così io continuo a sentirmi, anche oggi. Mi affanno per far finta che non sia così, ma il risultato è quello di qualcuno che affoga perché si agita troppo, muove troppo le braccia. Essere vedovi significa aver subìto uno strappo, significa essersi scontrati contro l'impossibile, aver fatto esperienza dell'irreparabile, ed essere sopravvissuti, oscenamente sopravvissuti. In sostanza significa aver fatto esperienza in massimo grado dell'umano e pure della vita, della sua finitezza. Significa essersi affacciati sul mistero e continuare a vivere. Lo scrivo, ma non l'ho mai capito fino in fondo perché ho una natura bizzosa, battagliera e mi riesce difficile accettare l'esistenza del non possibile, del non risolvibile, del non aggiustabile. Mi riesce difficile accettare la fine. E infatti conservo i vestiti di quando ero ragazza, assurde minigonne, i diari delle medie, il sussidiario delle elementari, gli appunti dell'università, conservo le lettere d'amore, gli oggetti rotti, le cose inutili. Conservo per paura di lasciar andare, per desiderio di eternità, non per necessità.

Ho scritto "per sempre" sotto a una foto scattata col cellulare delle nostre due mani intrecciate, poco prima che lui morisse, l'ultima. A fare da sfondo la coperta bianca dell'ospedale, in primo piano la mia mano turgida di sangue vivo e la sua bianca di morte, i nostri pollici allineati come soldati. Quella foto è una catena.

Il corridoio

Solo i piedi sul pavimento, i muscoli, il respiro, la testa che dopo un po' comincia a girare.

Il corridoio della mia ultima casa conta quattordici passi ad andare e quattordici passi a tornare, dalla porta dello sgabuzzino fino alla libreria in fondo. Ho cominciato a percorrerlo durante il lockdown, per dare respiro alle gambe costrette alla lunga inattività, e ho continuato anche dopo. Avanti e indietro, fino a sentire una lieve vertigine, un capogiro. In certi casi ho fatto chilometri, sempre con lo stesso paesaggio negli occhi – libri, dischi, inutili soprammobili, quadri – in mano il contapassi e i piedi, scalzi, che passano dalla freddezza del marmo al caldo soffice dei tappeti. Il mio gatto ogni volta mi guarda stupito, muovendo la testa in sincrono col mio passaggio. All'inizio voleva giocare, cercava di afferrarmi un lembo dei pantaloni con la sua zampetta unghiata, poi si è rassegnato a questa pazzia, ora guarda, quasi indifferente, e basta.

Di solito comincio a camminare in corridoio dopo cena e soprattutto dopo aver bevuto un po' di vino. Il contrario dello spirito sportivo, mi rendo conto, ma è così, e io del resto non sono una sportiva, solo una che ha bisogno di muovere le gambe perché altrimenti il nervosismo che accumulo non trova vie d'uscita. E la vertigine viene un po', certamente, dall'andare avanti e indietro in uno spazio relativamente piccolo, ma anche dal vino che è sceso nella pancia e salito nella testa. Salvo rare eccezioni non comincio mai a bere prima delle 18:00, è una specie di rito e anche una regola ferrea perché ho l'abitudine di dividere religiosamente i piaceri dai doveri e di dare ai piaceri uno spazio piccolo e rigidamente controllato, per evitare che deraglino. All'inizio, una bottiglia di vino poteva durarmi anche una settimana, lo distillavo, e la vertigine, devo ammetterlo, arrivava anche più velocemente, adesso mi sono attestata sulla mezza bottiglia a sera per via di piccole deroghe che mi sono concessa via via. Fatto sta che questo è un piacere al quale non riesco più a rinunciare, l'architrave delle mie giornate, e talvolta mi chiedo se, nonostante le piccole quantità, questa non sia l'anticamera di una qualche dipendenza. Le deroghe, infatti, sono silenziose e sempre giustificate, sempre sostenute da una qualche ragione che mi pare imprescindibile e poi diventano regole, tasselli di nuovi confini del lecito.

Dopo aver sparecchiato, messo i piatti nella lavastoviglie, passato l'aspirapolvere, almeno una volta alla settimana, ma certe settimane anche di più, comincio ad andare avanti e indietro lungo il corridoio. Invece di guardare un film, leggere un libro, cammino nello stretto spazio di casa, nel corridoio bianco e illuminato, tutto il resto della casa al buio, e mi svuoto, a poco a poco smetto di pensare, solo i passi contati, la fine del corridoio che arriva sempre troppo in fretta, la giravolta, i piedi sul pavimento, i muscoli, il respiro, la testa che dopo un po' comincia a girare. Avanti e indietro con una monotonia che diventa mantra e manco me ne accorgo, e io divento oggetto, cosa tra le cose, mi annullo. Può sembrare una follia e forse lo è, ma mi dà pace, più che altro mi astrae dagli obblighi del vivere, del produrre, dell'essere persona e personaggio. C'è chi fa yoga, io cammino lungo il mio corridoio.

E camminando penso alla casa di prima, lontana, lontanissima, un'altra vita. Una casa che era molto più grande, su due piani e riesco soltanto a immaginare quanti passi avrei potuto fare lì, nel silenzio della sera. Non penso alla vita che c'è stata dentro, che è stata tanta, quella di una famiglia, e non tutta bella, penso solo alla sua superficie, ai metri quadri, ai materiali sotto ai piedi. Intanto il mondo diventa lontanissimo, non esiste più, ricordo di un ricordo, fotografia sbiadita. Il corridoio e con lui la casa si fanno astronavi di un'altra galassia, una bolla silenziosa di niente.

I luoghi del cuore

Dettagli fuori fuoco, inaspettatamente riaffiorano e riverberano di luce nuova il mio vissuto.

Lungo la spiaggia di Capo Comino, sulla costa orientale della Sardegna, una delle mie preferite, c'è un punto nel quale, come dico sempre – e mio figlio mi ribatte: «Esagerata!» – i due mari si incontrano. Ci si arriva dopo una lunga passeggiata tra sabbia e mare, l'odore solforoso delle alghe spiaggiate a riva. In realtà la costa ha semplicemente una sporgenza, una lingua di sabbia che si protende nel mare a formare una specie di spigolo, e al di qua e al di là di questa sporgenza si creano due piccole anse. L'acqua è sempre la stessa, ovviamente, quella del Tirreno, ma le onde, anche quelle più piccole, prendono direzioni diverse e opposte e in quel punto leggermente si scontrano, un poco lontano dalla riva. Succede soprattutto quando c'è bassa marea. Tutte le volte che mi ritrovo a passeggiare da quelle parti, e succede almeno una volta l'anno, rivedo me e mio marito seduti sulla riva al tramonto, a guardare il mare, nostro figlio piccolo, nudo, un po' discosto che si rotola ridendo tra sabbia e acqua e agita le braccia e quasi gli parla, al mare. Ma non è un'immagine a caso, pescata nel bagaglio dei ricordi, è di quella volta precisa che io gli schiacciavo le pustole sulla schiena – «Dài fammi fare, tanto qui non ci vede nessuno» – e lui, a differenza di altre volte, ché proprio gli dava fastidio quel mio piccolo piacere, mi ha lasciato fare. E intorno c'era un leggero venticello e il mare odoroso si tingeva del rosa del cielo che arrivava da sinistra e noi eravamo salati e felici, vivi. Intorno la spiaggia che si era quasi svuotata e i due mari che si parlavano con piccole onde increspate. Poi chissà cos'altro abbiamo fatto quel giorno, di sicuro qualcosa che lì per lì mi era parso più importante, ma io non lo ricordo. C'è solo quell'immagine inutile e intima strappata e conservata preziosa in quel luogo, messa da parte, che riaffiora puntuale, come a un richiamo, con intatti gli odori, intatte le sensazioni, intatti gli sguardi. E in quell'immagine, nelle pustole schiacciate al tramonto, nell'odore acre delle alghe ci siamo noi due, l'essenza di noi.

Quando si è nel mezzo dell'onda della vita, si ha occhio quasi soltanto al cuore di quanto si sta vivendo, a quello che crediamo sia il senso dell'essere e del fare, qui e ora. Tutto, in noi, è assorbito da questa tensione e spesso, per questa stessa ragione, si resta inevitabilmente in superficie. È probabile che, differentemente, non si potrebbe vivere. Una volta ho letto da qualche parte che ci sono persone che sentono tutti i rumori, anche quelli infinitesimali: la saliva della bocca di chi ti parla, il passo della formica, lo sbadiglio, tutto insomma, anche ciò che a noi sembra più silenzioso. È una specie di malattia perché in realtà noi siamo programmati per selezionare quasi senza rendercene conto, altrimenti saremmo sopraffatti dalla realtà che ci circonda e si rischierebbe la paralisi. Eppure succede, o per lo meno a me succede regolarmente, che nel ricordare cose del passato, emergano vivissimi piccoli particolari, dettagli da nulla che lì per lì non si erano notati, che erano ben lungi dall'essere l'essenziale della vita, nel qui e ora di allora. Un movimento della mano che fece quel giorno mia madre, il soprammobile che stava sulla mensola in sottofondo, la campana che suonava quel pomeriggio, il comignolo di quel tetto, l'odore del sugo bruciato mentre litigavo con mio marito, i fiori rosa del vestito della mia compagna di scuola che svolazzava al vento durante la gita sul lago Maggiore. Dettagli fuori fuoco, appunto, che nel ricordo però acquistano un ruolo da protagonisti. Non mi sembravano importanti allora, non li avevo neppure veramente notati, eppure qualche parte di me li ha registrati minuziosamente e custoditi preziosi, e inaspettatamente riaffiorano e riverberano di luce nuova il mio vissuto. Solo in quel momento, allora, solo nella percezione, tardiva, di quel dettaglio piccolo piccolo, finalmente si capisce davvero il senso di tutto. Perché probabilmente il senso non è mai servito su un vassoio, si nasconde nelle pieghe della vita, alberga nella penombra. E così nascono nostalgia e rimpianto, e pure la colpa per quella sbadataggine, quella poca attenzione, ma nasce anche una specie di bellezza.

Una decina di anni fa, forse anche di più, ho conosciuto una donna che faceva un lavoro strano e infatti non saprei descriverlo. Si muoveva nel campo dell'informatica, alle spalle aveva una laurea alla Bocconi, credo che essenzialmente si fosse inventata un mestiere del futuro, ma lo faceva da una prospettiva, diciamo così, artistica. All'epoca si era agli albori delle applicazioni, o almeno io ne sapevo poco o niente, c'erano già i primi social, certo, di sicuro c'era Facebook, ma il telefono era ancora essenzialmente un telefono, serviva per telefonare, al massimo per mandare messaggi. Questa donna lavorava a Milano e aveva un fidanzato più giovane di lei – «Il mio toy boy» diceva scherzando – che si era scelto un nome d'arte che mi piaceva, Gallizio. Proprio questo *nom de plume*, del resto, era stato il motivo che ci aveva fatto incontrare. Come assessore della mia piccola città, avevo l'obbiettivo di valorizzare anche nel luogo in cui era nato Pinot

Gallizio, un genio della pittura e della performance, inventore del Situazionismo. Le sue opere erano, e sono, esposte nei più importanti musei del mondo, ma avevo l'impressione che Alba non lo ricordasse come avrebbe dovuto e volevo fare qualcosa perché le cose cambiassero. Il "toy boy" si era autonominato "Gallizio" perché, in un certo senso, voleva infondere lo stesso spirito novecentesco alle nuove tecnologie, compiere gesti d'arte utilizzando gli strumenti degli Anni Duemila. O almeno questo mi era sembrato di capire. Perché a dire la verità ero incuriosita, sì, ma esattamente non sapevo con chi stavo parlando e neppure esattamente di cosa.

Insieme abbiamo fatto un bel pranzo in una domenica d'ottobre baciata dal sole, ricordo perfettamente il tavolino sulla piazza, e con me c'erano anche mio marito e mio figlio. Abbiamo bevuto e mangiato molto, scherzato, riso e parlato di tante cose, anche di quelle che non capivamo. È stato in quella occasione che M., la donna, mi ha raccontato il progetto che avevano in mente: un'applicazione dei cuori, una mappatura informatica dei luoghi sentimentalmente importanti nella vita di un uomo o di una donna, una cartina geografica personale delle emozioni, un planisfero puntellato di storie piccole, quotidiane, ma uniche, da segnare, appunto, con un cuore. Non so se alla fine abbiano mai realizzato quell'idea balzana, li ho persi di vista, ma io, che sul momento, come dicevo, non ho capito un granché, ci ho ripensato spesso. Mi capita, infatti, di ritornare in certi luoghi del passato e di visualizzare, proprio come se accadessero di nuovo, proprio come dei film, piccoli ricordi, di risentirne gli odori, di rivederne i gesti, anche l'innocenza non memorabile. Come se quei luoghi si portassero appresso, al di là della mia stessa volontà, una targa mentale, un monumento, insomma uno dei cuori della app di M. Il più delle volte non si tratta di momenti epocali della mia vita, quelli che sì, si meriterebbero davvero una targa, ma di immagini piccole, quasi insignificanti, mi verrebbe da dire: inutili, se non fosse che dell'inutilità si vive.

È il caso di Capo Comino, appunto: lì c'è un cuore della mia mappa sentimentale, eppure sul momento non mi ero accorta che lo stavo costruendo.

A Torino, in corso Massimo d'Azeglio angolo corso Raffaello. Ogni volta che ci passo – e lo faccio spesso – mi appare il Ducato bianco di Pino. Ci eravamo dati appuntamento in quel punto, al semaforo, per andare a cena, sarà stato poco prima delle otto di sera e io ero a piedi, elegante in un abito lungo bianco a fiori rossi e neri, un profondo spacco a sinistra. Lui arriva, pensa io sia in ritardo, prosegue, riesco a vedergli il disappunto disegnato sul viso, immagino le maledizioni che gli escono dalla bocca, le mani che stringono il volante, non può fermarsi, ha delle altre automobili dietro. Lo chiamo al telefono, gli dico che mi ha superata, che ero dall'altra parte della strada, rido, «Torna indietro, ti aspetto». Ma intanto stupidamente attraverso sulle strisce e ci ritroviamo di nuovo a posizioni invertite, lui da una parte e io dall'altra della carreggiata. La mia gonna svolazza, è una sera di quasi estate, sono contenta di andare a cena con lui, Pino un po' mi piace, non m'importa e anzi mi diverte questo contrattempo. Invece Pino quasi si arrabbia: «Non muoverti più» mi dice perentorio al telefono. Alla terza volta ce la facciamo, ci troviamo sullo spiazzo davanti a Torino Esposizioni, salgo sul furgone troppo alto per i miei tacchi, poco adatto al mio vestito elegante, e sento nell'abitacolo un profumo di shampoo e bagnoschiuma, Pino si era docciato da poco.

Pino è uno degli oltre centomila morti di Covid, è annegato in quel numero che si aggiorna ogni sera sul mio telefonino con un messaggio Telegram del Ministero della Salute. Ho saputo della sua morte soltanto un mese e mezzo dopo, appesa a un citofono. Era da tempo che lo cercavo, come presa da un presentimento, l'ultima volta l'avevo sentito a Natale, mi aveva chiamato lui per gli auguri, sapevo che il fratello non stava bene, lui invece era in forma, il solito Pino. Ma niente, il telefono sempre spento rimandava a un'inutile segreteria. Così una sera di fine aprile, un po' titubante, ché la confidenza non era così spinta, magari stava con una donna, sono andata a cercarlo. Ho suonato il citofono di casa sua, in via delle Rosine. Mi ha risposto una voce femminile. Per un momento ho avuto la tentazione di scappare, convinta di aver invaso un'intimità che non era la mia, c'è stato un silenzio, una bocca e un orecchio estranei separati da tre rampe di scale. Poi mi sono fatta coraggio e ho chiesto: «C'è Pino? Sono un'amica». Ancora un silenzio e poi ho saputo. La voce era quella di sua figlia, Pino era morto a metà febbraio, suo fratello due settimane dopo. Mi sono aggrappata al citofono come a una zattera, le gambe che mi tremavano, gli occhi inondati di lacrime che arrivavano da una profondità sconosciuta, l'assurdità di essere consolata dalla figlia del morto, la voce metallica, gracchiante attraverso il citofono. In quel momento sono morta anche io, ed è morto mio figlio, mio fratello, il mio vicino di casa. È morto anche il corridore di Glovo che consegnava due pizze per cena al portone accanto e nulla sapeva.

A Palazzo Nuovo, l'Università di Lettere di Torino, anche se adesso è cambiato tutto, e non c'è neanche più il grande parcheggio sterrato, continuo a esserci io ventunenne con una gonna nera a piccoli fiori rossi, plissettata, corta sopra il ginocchio e la calzamaglia nera. Non è il giorno della laurea e nemmeno un altro giorno importante. Semplicemente sto per andare a lezione di Storia del teatro nell'aula 36, è novembre, tardo pomeriggio, sono nel corridoio stretto, intorno tanti studenti, ho degli occhiali da vista con la montatura rossa nascosti in una mano perché mi sento brutta quando li indosso e preferisco vivere nei contorni confusi, usarli soltanto quando ho assoluta necessità di vedere. Ricordo con precisione il fastidio dei collant che mi cadevano, l'imbarazzo che si potesse notare quel segreto, che scendessero oltre il bordo della gonna. Ricordo il movimento rapido per tirarli su, nascosta dietro l'ascensore, la gonna sollevata con poca grazia quando pensavo nessuno mi vedesse e gli occhi azzurri, subito distolti, di una ragazza con i lunghi capelli scuri arrivata all'improvviso che non conoscevo e che finge di non essersi accorta di me. Per pudore, per educazione.

Finalmente ora, per andare da Alba ad Asti, c'è l'autostrada. Si impiega un quarto d'ora, quasi non te ne accorgi, ma fino a una decina di anni fa l'unica via era una trafficatissima e brutta statale, intasata da camion, tir, automobili, moto, trattori, persino biciclette. Percorrere quei quindici chilometri prendeva certe volte anche un'ora della tua vita, se c'era un incidente, e ce n'erano spesso, anche di più. Quella statale l'ho percorsa milioni di volte, al volante e come passeggero, ho causato e subìto tamponamenti, ho preso multe da carabinieri appostati dietro una curva. Però c'è un punto, subito dopo l'incrocio di Magliano Alfieri, dove io rivedo sempre gli occhi stupiti di Francesco che ha visto la neve per la prima volta in vita sua. Francesco era un mio "amico di penna" siciliano di Catania, lo vedevo in carne e ossa solo in quel momento. Dopo tante lettere che ci eravamo scambiati nel corso degli anni, era venuto a incontrarmi, approfittando del fatto che doveva andare a Milano. Il Nord, per un siciliano, è tutto la stessa cosa, le distanze si annullano. Lo avevo recuperato alla stazione di Asti e lo stavo portando, fresca di patente, a vedere la mia Alba. Era febbraio, tardo pomeriggio e dalle nostre parti c'era una neve vecchia e sporca ancora accumulata ai bordi delle strade, nemmeno ci avevo fatto caso, per me era scontata. Mi davo da fare a giustificare la bruttezza del paesaggio – «Siamo in periferia» gli dico, «zona di capannoni, ma Alba è bella, vedrai, antica» – ma lui aveva occhi accesi solo per la neve. Chissà quante cose abbiamo fatto e detto nel giorno e mezzo che Francesco è stato mio ospite, non lo ricordo, però quel punto della Statale 231 per me è ancora e sempre il luogo dello stupore inaspettato.

Sul Molo di Laigueglia, quando ci ritorno, ormai raramente, ci sono io che leggo su una panchina *Psicopatologia della vita quotidiana* di Freud, per darmi un tono. Fa caldo, dovrei stare a mollo nell'acqua a giocare, ma sono vestita di tutto punto, pantolincini di jeans e maglietta, e leggo, ogni tanto sottolineo una frase. E poi c'è Carlo, ciabatte arancioni di plastica ai piedi, le trascina, pantaloni corti, capelli e barba biondi, una faccia disegnata per sorridere, vedo un dente d'oro che brilla. Carlo mi porta una rosa e mi chiede, come, se ci conoscessimo da sempre e invece lo vedo per la prima volta: «Stai meglio?»

Mi aveva vista la sera prima svenuta sul lungomare, davanti ai Bagni Bastione, aveva spiato l'arrivo dell'ambulanza. Io ero una ragazzina che aveva appena finito la IV ginnasio (o era la terza media?), era estate, luglio, ed ero in vacanza con Laura, la mia migliore amica, quella della foto di classe dell'ultimo anno delle elementari. I suoi genitori avevano una bella casa, tutta bianca, proprio lì di fronte. Una sera, poco prima di cena, eravamo già docciate e vestite, pronte per uscire, giù sulla passeggiata: le serate al mare, ad andare avanti e indietro, sbirciare i ragazzi, erano i momenti più belli delle nostre vacanze estive. Io indossavo dei jeans, lo ricordo, e una camicia bianca, leggera, larga. Facciamo una corsa, perché anche se eravamo già mezze signorine ci piaceva ancora giocare, e succede che inciampo malamente e cado. Un dolore fortissimo allo stomaco, poi più nulla, il buio. È stato il mio primo svenimento. Ero convinta di dormire, il primo pensiero è stato come mai dormivo e sognavo a quell'ora e l'impressione era quella di avere la testa fuori dal finestrino di un treno in corsa, una nausea e un piacere. Non avevo nessuna voglia di riaprire gli occhi, nessuna voglia di tornare in me. C'era un tepore, come un'alcova e stavo bene in quel silenzio. Poi, come è successo molte altre volte, in occasione di altri svenimenti, come riemersa da una profondità abissale, a fatica ho spalancato gli occhi tutto d'un colpo e ho visto i ciuffi delle palme sopra di me. Li ho fissati per un bel po' quei ciuffi di palma stagliati contro il cielo ancora azzurro, gli occhi sbarrati, incapace di muovere qualsiasi muscolo, tanto meno di parlare. E intorno uno sciame di voci confuse, ovattate, che mi chiamavano forte e mi invitavano a dare qualche segno di vita. C'erano mani che schiaffeggiavano il mio volto immobile e qualcuno mi aveva sollevato in alto le gambe. Quando l'ambulanza è arrivata io stavo già meglio, anche se ero un po' stordita e confusa, e non ci volevo salire. Più avanti, con l'esperienza, ho capito che il mio corpo reagisce così a un dolore fisico acuto, si blocca, si autosospende. Come quando il telefono o il computer hanno qualche problema e la soluzione migliore è spegnerli e riavviarli. Una sorta di scappatoia della salvezza improntata sulla chimica o sulla magia. È una specie di annullamento, ho sempre la sensazione di avere la testa fuori dal finestrino di un treno che corre veloce e nessuna, proprio nessuna, voglia di tornare.

Rinvenire è sempre essere letteralmente strappata a forza da una dimensione di pace e benessere. A pensarci, anche di fronte ai grandi dolori dell'anima e della vita il mio più grande desiderio è dormire, non guardarli, nasconderli sotto strati e strati di piumone, di sciocchezze, di impegni. Però poi, ineluttabili, ritornano.

La tarma

Ho passato una mano di vernice, mi sono illusa che potesse bastare…

Ci sono travi di legno che sembrano perfette, lucide e possenti; sono come bastioni inattaccabili che sorreggono tutto. Poi succede che ti svegli una mattina e trovi una polverina leggera sul pavimento, caduta come da una clessidra in un punto preciso, millimetrico. E allora capisci che nelle viscere profonde di quella trave che sembrava perfetta, ci lavorava in segreto una tarma, ancora silenziosa. Tu non la vedi, neanche la senti, forse scava di notte, insieme ai sogni, ma la polverina impalpabile sul pavimento denuncia inequivocabilmente la sua presenza, il suo lavorìo invisibile. Così ero io, perfetta nel mio dolore, avvolta in una corazza che sembrava inattaccabile, impermeabile ai sogni, alle passioni, alla curiosità della vita. Mi sembrava di non fare altro che barcamenarmi al meglio possibile nelle fatiche del quotidiano nell'attesa che la luce si spegnesse, nell'attesa di andare finalmente a dormire. Ma c'era una tarma che lavorava dentro di me e contro di me, invisibile. Era la vita, nonostante.

La prima polverina è apparsa dopo aver incontrato un uomo che portava lo stesso nome di mio marito. È sembrato un destino, perché il nome di mio marito non è di quelli che si sentono tutti i giorni, anzi è piuttosto raro. L'ho conosciuto senza preavviso, senza annunci, una sera che sono andata controvoglia a una cena per motivi di lavoro e avrei preferito invece stare con mio figlio. Ero mal disposta, insomma, ma mi sono comunque fatta una doccia, prima di andare, e ho indossato un vestito di seta verde che faceva risaltare l'abbronzatura dell'estate. La cena era in una bella casa di campagna settecentesca, ma polverosa, una bellezza antica mai rinnovata, grandi saloni che si aprivano uno nell'altro, illuminati soltanto dalle candele, una lunga tavolata e tanta gente seduta intorno. G., camicia bianca, capelli lunghi e neri raccolti dietro la nuca, non alto e leggermente zoppicante, era l'eccentrico padrone di casa. Aveva rinunciato alla macchina, si muoveva esclusivamente in bici, anche lunghi tragitti di lavoro, e in casa non aveva l'elettricità. Tutti avevano portato qualcosa da mangiare o da bere, ma io non avevo capito, pensavo fosse una cena organizzata in un ristorante o alla Pro Loco del paese, che ognuno avrebbe poi pagato il suo. Così, per rimediare in qualche modo, ho iniziato a darmi da fare col ritirare e lavare i piatti, man mano che si avanzava con le portate. Sono fatta così, ho difficoltà ad accettare le cose gratis, a non pagare la mia parte. Il mio imbarazzo si è però trasformato, paradossalmente, agli occhi di G., in una spontanea, naturale confidenza, come se avessi la geografia delle stanze nel palmo delle mani, serbatoio di una memoria antica, non razionale, e mi muovevo in casa sua, tra l'acquaio, la cucina e la sala da pranzo, col mio vestito di seta verde, la lunga collana che tintinnava sui piatti, come un pesce nella sua acqua. È nata su queste basi e sulla curiosità della sua vita senza luce e senza automobile, una corrente di simpatia tra la sua eccentricità e la mia vita dolente. Ci siamo scambiati il numero di telefono e dal giorno dopo ci siamo mandati un fiume di messaggi WhatsApp e il mio cuore, a sorpresa, batteva forte e quei messaggi li aspettava come se fossero il senso ultimo del vivere. Poi è successo che ci siamo visti, per una cena, e siamo finiti a baciarci su una panchina dei giardinetti e poi a passare la notte insieme, nella sua camera da letto senza luce in cima a una torretta, col mio corpo che era acerbo come quello di una adolescente, chiuso, inesperto, ma lo stesso sembrava che fosse la fine e l'inizio del mondo, l'apertura dei cancelli del cielo, le vibrazioni che ricominciavano a correre sulla mia pelle e nei neuroni, mio figlio quasi dimenticato e quel nome – lo stesso – che mi benediceva e autorizzava, metteva un poco a tacere la colpa di essere viva.

È venuto fuori, alla fine, che era tutto nella mia testa, che cadevo da troppo in alto, da troppa solitudine, che la fatica per arrivare in quel letto quella sera era tanta ed era solo mia. Gli avevo detto: «Sono carne fragile, non farmi del male per favore» ma lui era di razza canaglia, non cattivo, per carità, ma disilluso nel profondo dalla vita e dalle emozioni forti, un surfista, più che un velista. Tutte le vite hanno il loro passato, tutte le vite sono complicate a modo loro.

Siamo ancora amici, con G., certe volte ci mangiamo una pizza insieme, beviamo un bicchiere, a tratti ci prende una specie di nostalgia per quello che avrebbe potuto essere e non è stato. Anche mio figlio l'ha infine perdonato per il dolore che mi ha procurato. Ma G. frequenta belle ragazze con trent'anni di meno, non cerca impegni, tantomeno problemi o sofferenze da accarezzare. Ora ha persino un'automobile e una moto, ha smesso di muoversi in bici. G. mi ha fatto toccare con mano che sono una donna di mezza età, a metà della vita, che la mia seduttività non è più quella di me ragazza, mi ha insegnato che la mia curiosità è ancora viva, come una vecchia abitudine, e anche la fantasia è viva, forse pure la speranza, ma il corpo lo è molto di meno. Non è facile trovare un corpo che vada bene col tuo, non è facile trovare la confidenza della carne.

Però tutto ciò l'ho imparato e capito ora, dopo anni. Sul momento è stata solo rabbia, una rabbia che mi ha trasformata persino in poeta di epigrammi crudi e cattivi da lanciargli contro, e poeta non lo ero mai stata, neppure in gioventù, mai ceduto alle seduzioni delle rime; una rabbia che ha scavato nelle parole e nei ritmi e in un modo o nell'altro ha rimesso in moto la mia vita, mi ha restituito una frenesia. Altra polverina sul pavimento.

Il passo successivo è stato iscrivermi, in segreto e per vendetta, a un sito di incontri. Avevo scoperto, con vergogna, di essere ancora viva, ma mi mancavano allenamento e autostima.

Mi sono costruita un'altra identità, un nome nuovo, Teresa, che era quello di mia nonna paterna, la nonna dal brutto naso, quella che nella foto sembrava già morta, e non ho messo la mia foto. Sopra ci ho scritto le mie caratteristiche fisiche vere, altezza, colore degli occhi, peso, età corrente e vere erano anche le altre caratteristiche mie che ho indicato, quelle non fisiche, ma dell'anima. Più che mentire, ho omesso. Lì sopra non ero la vedova, non avevo né storia né cognomi, ero semplicemente Teresa, un disegno a due dimensioni. Se ci penso ora, capisco che è stato un passo necessario non tanto per conoscere degli uomini, che pure ho conosciuto, Alberto, Valerio, Pino, Angelo, Piero..., quanto per ritrovare confidenza con me stessa, come quasi sempre quando si fa qualcosa di cui ci si vergogna. Ad esempio ho capito che sono affamata d'amore, di complicità, di progetti condivisi, ma che questa fame nasce dal digiuno, dalla nostalgia di mio marito e di ciò che eravamo e che l'amore, la complicità e i progetti condivisi sono figli della giovinezza vergine, incorrotta dai dolori. Ho capito che se la testa ti inganna e ti illude, il corpo no, il corpo è concreto e sa tutto.

Su questo sito di incontri la cosa che mi piaceva di più era lo "*shuffle*", per me era diventata una specie di droga solitaria, da consumare la sera davanti al computer. Ci si clicca sopra e appaiono cento profili al giorno, con relative foto e informazioni succinte, di uomini che corrispondono più o meno ai tuoi desiderata, che stanno cioè in quel range di altezza, età, interessi che hai indicato al momento dell'iscrizione, un vero bestiario. È divertente e doloroso al tempo stesso, ti senti spettatore di solitudini camuffate e della tua stessa solitudine, le guardi come dal buco della serratura, le puoi commentare, soppesare, sembra di stare al supermercato con la mercanzia esposta sugli scaffali. C'è quello che si fotografa in costume su una spiaggia esotica, quello al timone di una barca, quello che espone i suoi tatuaggi. Foto personali di momenti felici che diventano pubbliche. Vanno forte anche le macchine potenti, gli sport avventurosi, arrampicata, sci, vela, e poi i bicchieri di vino o da happy hour in mano. Si esibisce la felicità, la bella vita. Poi però ci sono anche quelli tristi che mettono una copia della foto della carta di identità, lo sguardo fisso e vacuo della fototessera, quelli ingenui che non si rendono conto di aver esposto il profilo peggiore, il tipo che mostra con nonchalance un sorriso cavallino. Vista l'età, molti sono senza capelli. I nickname sono i più fantasiosi. Piero, ad esempio, è "Crazy Horse", ma poi c'è un romantico, un po' languido "Rami e foglie", un inquietante "Orco", un "Lupo", un "Rodrigo", un altisonante "Alexander Magnus" e avanti così.

Gli abboccamenti sono come l'inizio di un romanzo: o funzionano o capisci subito che il seguito sarà inutile. In genere si comincia con un semplice: «Ciao, come stai?» oppure un «Buongiorno», come un sasso lanciato nel mare, però ci sono anche quelli più spudorati che mettono subito il numero di telefono e ti chiedono se vuoi passare da loro. Pochi sono quelli che cominciano già all'inizio a raccontare di sé, si dilungano su figli o non figli, sugli interessi, mare o montagna, sull'amore che ancora cercano. Noiosi. Meno ancora quelli nelle cui parole intravedi da subito una scintilla. Dopo un po' che frequenti il sito, cominci a muoverti come per le strade di una città conosciuta, riconosci le facce, a tutte finisci per attribuire un aggettivo, un pensiero, una definizione. Sono tutti come me, immersi in un mare di vita pulsante, operai, artigiani, architetti, tecnici, ingegneri, dirigenti, cuochi, giornalisti, contabili (sì, ci sono anche quelli che si definiscono così), però profondamente soli. Sono stati sposati, hanno avuto figli, hanno fatto viaggi, coltivano passioni, ballano il tango, alcuni fumano, altri no, mangiano sano, amano il mare o la montagna, leggono libri, suonano la chitarra, frequentano ristoranti e praticano la buona cucina, sono troppo onesti o troppo generosi, sensibili o simpatici, però intimamente soli. Per fortuna ogni tanto appare, come una boccata d'ossigeno, un nuovo iscritto. E il gioco ricomincia, inutile.

La tarma, dopo questa immersione nella vita, dopo la seduzione della curiosità, si è un pochino fermata. Un letargo, non una morte.

Poi ho conosciuto Pietro. La tarma ha ricominciato a lavorare.

La prima volta ci siamo visti una domenica pomeriggio d'autunno. A mio figlio non l'ho detto che vedevo un uomo nuovo, semplicemente che uscivo un po'. Però sentivo dentro un'emozione, al telefono mi era piaciuto parlare con lui, avevo di nuovo il gusto in bocca della sorpresa, l'idea che poteva esserci davvero qualcosa, dopo tanto tempo. Così mi sono truccata con cura, anche la matita sugli occhi, e mi sono vestita semplice, ma con gusto, la giacca nera di velluto, i jeans, tacchi comodi per camminare. Quando sono sbucata dal portone di casa e l'ho visto, accucciato in un angolo che fumava guardando il fiume, ho pensato che mi piaceva, che non dovevo farmelo scappare. A Torino c'era Artissima, un grande movimento. La scusa era vedere qualche esposizione, ma poi c'erano code ovunque e siamo finiti a prendere un aperitivo e poi un altro e a chiacchierare molto seduti nei bar. Lui mi ha raccontato della sua separazione dopo vent'anni e rotti, di sua moglie che si era messa col veterinario che aveva da sempre girato per casa a curargli il cane e il gatto, dei suoi figli adolescenti e problematici, difficili da governare. Io gli ho raccontato di me e intanto lo guardavo, i capelli brizzolati, ricci, spettinati, la barba di qualche giorno, gli occhiali di bachelite nera, rotondi, e dietro due occhi marroni, sporgenti, la palpebra spessa, un po' pesante, le occhiaie profonde nascoste dalle lenti, le mani piccole a reggere la sigaretta, nervose, le unghie mangiate, la camicia mal stirata, la giacca strattonata. Mi è sembrato di amarlo da subito, ho accarezzato con delicatezza i suoi difetti, il cuore di nuovo smosso. La sera stessa, quando mi ha riaccompagnato al portone, davanti al fiume, gli ho detto: «Vuoi salire? Ti presento mio figlio». Una pazzia detta senza pensare, una voce che mi è uscita dalla pancia. E lui mi ha risposto: «Sì!» senza esitare e così siamo saliti, quarto piano, e mio figlio che neanche sapeva con chi ero uscita, si è trovato davanti questo sconosciuto, l'ha studiato, tenuto d'occhio, ha capito che c'era sotto qualcosa, ma si è comportato bene, ha conversato con educazione seduto sulla poltrona a fiori, ha chiacchierato del Toro che faticava, del tempo, del nostro divano che quando ti sedevi ti inghiottiva, di cose senza importanza. È stato poco quella volta, Pietro, giusto il tempo di un bicchiere, l'ultimo, e appena se n'è andato e io ho cominciato a trafficare per preparare la cena, mio figlio mi ha chiesto spiegazioni. Ho deciso di non mentire: «È un tipo che mi piace» gli ho detto «ci voglio provare». E anche se era un'affermazione che non si basava su niente, perché io per prima non lo conoscevo per davvero, ed era soltanto la pancia a parlare, la curiosità risvegliata di nuovo d'improvviso, non la testa, pure ci credevo e ho pensato che fosse giusto così, che in ogni caso non avevo alternative e non mi andava – né me la potevo permettere – una vita nascosta. Dopo due anni, a entusiasmi raffreddati, mio figlio, diventato un altro, un adolescente in crisi, mi avrebbe rimproverato proprio questo, di averlo messo in mezzo, di aver voluto condividere con lui un esperimento del quale non avevo alcuna certezza. Mi ha rimproverato la mancanza di solidità, mi ha rimproverato di essere una persona che sbaglia. E sbagliare, ai genitori, non è permesso.

La storia con Pietro si è consumata in fretta anche se è rimasto un affetto profondo, una necessità reciproca che ancora continua. Potrei raccontare i dettagli, sciorinare una contabilità minuziosa, ma inutile, di odori e mosse sbagliate, ma senza colpa. Tutti e due siamo brave persone.

È strano l'amore, imperscrutabile, rifugge da ogni decisione cosciente, da ogni programma. Guardo Pietro, lo trovo bello, intelligente, colto, mi piace, eppure il mio corpo lo rifiuta.

Ma io ho una tarma. Ho passato una mano di vernice, mi sono illusa che potesse bastare, che fosse una questione di sguardo, di forma, non di sostanza. L'ingombro – faticoso, lungo, costoso – della ristrutturazione non l'ho mai voluto affrontare. Riparare una trave di legno dalle tarme è una faccenda lunga, ci vogliono mesi, ci vuole la pazienza dell'attesa, le travi avvolte completamente dal cellophane, la medicina che cura giorno dopo giorno, invisibile, in profondità. Ci vuole soprattutto la volontà, l'intenzione. Ci vuole il pensiero del futuro, l'idea che ne valga la pena. A un certo punto bisogna deciderlo. Oppure cambiare casa.

Mio figlio

...Quei piedi che sembrano barche e dentro ci siamo, confusi, suo padre e io, lui nella pianta, io nelle dita.

Mio figlio dorme, sfinito, in penombra, la musica ancora che va, esce soffusa dal telefono appiccicato al suo orecchio, la chitarra che gli riposa accanto nel letto matrimoniale come una sposa, le calze e le scarpe sparse, una foresta di fogli buttati a terra, in mezzo, il computer. La finestra è aperta, le persiane non ancora accostate, entrano dentro i rumori della strada, le bottigliette di birra degli ultimi frequentatori del pub sotto casa che rotolano sull'asfalto, la luce della luna. Stasera è andato a giocare a basket ai campetti di piazza Arbarello come fa tutte le volte che può. Gli piace quel posto perché non conta chi sei, ma soltanto come giochi, i canestri che fai, le triple che infili, come scarti l'avversario con un movimento di gambe ben assestato. Gli piace quel mondo di invisibili, di luci accese solo sul corpo. Sai giocare: sei dentro; non sai giocare: sei fuori. Niente psicologia, niente carezze, niente pacche sulle spalle. Smette di essere l'orfano, quello segnato troppo presto dalla vita, quello da guardare con delicatezza. È un universo parallelo, molto diverso dall'ambiente che frequenta di giorno, fatto di ragazzini perbene, di famiglie perbene delle quali si sa tutto, le abitudini, gli indirizzi, che vacanze fanno in estate. Io sono preoccupata, ma lo capisco. Si gioca insieme senza conoscersi, senza sapere in che casa vivi, di chi sei figlio, che scuola fai o se già lavori, solo corpi che si incontrano, muscoli che si indovinano, intelligenza fisica che si mette in opera. Lui va là con la sua palla nello zaino, le cuffie nelle orecchie, e qualcuno con cui giocare lo trova sempre. A volte è Ginger, un filippino, più grande di lui per età, ma più basso di statura e con un'intelligenza sveglia, che presto andrà a lavorare a Biella, non si sa a fare cosa, forse il lavapiatti; a volte un giovane manager inglese venuto a lavorare in una grande azienda di Torino e che nell'invisibilità di una piazza e di un canestro, butta fuori le tossine della giornata giocando con un liceale; altre un polacco, o forse è un serbo, il fisico scolpito, gioca sempre a torso nudo, la pelle chiarissima, di lui non si sa niente, arriva senza un appuntamento preciso e senza costanza, arriva con l'aria di un principe e l'idea di far sfigurare chi c'è, «Ma io, mamma, gli ho infilato una tripla che è rimasto senza parole».

Mio figlio dorme, le gambe imponenti abbandonate nel letto fino all'estremo limite, le braccia raccolte sul cuore, come a proteggersi, le lunghe mani che sono le mie, le riconosco, la fronte leggermente increspata, forse persa in un sogno. Spengo la musica, accosto le persiane, raccolgo la carta sparsa, le calze, sistemo il tappeto, lo maledico sottovoce per questa sua vita disordinata, per il computer che sembra una tavola da pranzo, pieno di briciole, persino il nocciolo di una pesca, ma intanto lo guardo, esamino ogni centimetro della sua pelle di uomo in crescita, di vita in costruzione, di adolescente. La bocca bella, carnosa, le gambe affusolate che si sono riempite da un giorno all'altro, e ancora non riesco a crederci, di fitti peli scuri, arricciati, i brufoli sulla fronte, uno se l'è grattato via da poco, il sangue raggrumato, quel neo piccolo, i contorni precisi, a metà del mento, proprio al centro, come disegnato, i capelli spessi, tanti, sparpagliati sul cuscino, il naso perfetto. Mi emoziona. Un corpo incerto, eppure solido, quei piedi che sembrano barche e dentro ci siamo, confusi, suo padre e io, lui nella pianta, larga, solida, io nelle dita, ragnesche. Lo accarezzo, ma piano, per non svegliarlo, quel corpo che era mio, uscito da me e adesso palpita di una vita diversa e di una distanza che le parole, di giorno, non riescono più a colmare. Oggi a cena, prima che uscisse per andare a giocare ai campetti, abbiamo di nuovo litigato, una cosa da niente che si è accesa subito in un fuoco, lingue straniere che non trovano più un terreno comune. Una parola che parte "bianca", nel suono e nelle intenzioni, e arriva "rossa" alle orecchie dell'altro. È l'adolescenza, si dice, e io la ricordo bene, ne riconosco l'odore, le mosse, i pensieri, quella voglia che ti prende da dentro di essere altro, staccarti, andare sempre e solo contro, quella ribellione che battaglia con l'amore e le radici che sono conforto, ma anche – e tu lo senti – prigione. Io con mia madre ho sempre litigato furiosamente e se l'amavo, l'amavo di nascosto, quando la trovavo addormentata sul divano dopo una giornata di lavoro, abbandonata, indifesa e io la guardavo, le esploravo le rughe, i vestiti male abbinati, i piedi piccoli, come adesso guardo mio figlio dormire. Non ho mai pensato di ritrovarmi a parti invertite, di essere io a dover recitare il ruolo della noia, del paesaggio scontato, del porto dal quale salpare anche con un barchetta incerta, malandata, non ancora finita. Quando è successo? E io dov'ero? Certo, è tutto chiaro. Mio marito e io ci siamo amati, abbiamo fatto l'amore una sera dopo uno spettacolo sul divano di casa, a Cuneo, il suo spermatozoo ha incontrato il mio ovulo pronto e gonfio e dopo nove mesi è nato lui, uno straccetto raggrinzito con la pelle scura dei suoi nonni paterni che ha pianto praticamente ininterrottamente per quasi tre anni. La sua prima parola è stata "mamma", la seconda "tazza", a tredici mesi ha fatto per la prima volta la cacca nel vasino e mosso i primi passi, a diciotto mesi ha calcato il palcoscenico, nella recita del nido, primo a uscire dalle quinte, la faccia seria, il passo incerto, capofila di un serpentone di bambini col poncho peruviano, a quattro anni non ancora compiuti già sfrecciava come un missile sulla sua bicicletta senza rotelle ed è stato lì che ho sentito il primo distacco, quasi una seconda rottura del cordone ombelicale. Non voleva camminare con la sua mano nella mia mano e pedalava veloce da solo, lontano da me. Era un bambino di grande temperamento e allo stesso tempo di grandi tenerezze. Ricordo quando Babbo Natale si portò via il ciuccio, da una sera all'altra, aveva tre anni e lui lo teneva in bocca da quando era nato. Era come un fumatore senza sigaretta, in astinenza. Quella sera, dopo una giornata di distrazioni, l'ho portato a dormire, mi sono coricata vicino a lui, l'ho accarezzato, ero pronta a leggergli la solita favola degli animali del bosco, con più dolcezza del solito, sapevo che era un momento difficile, ma lui con una voce nuova, adulta, che ho ancora nelle orecchie, mi ha detto, girandosi verso il muro della stanza, dandomi le spalle: «Lasciami, voglio stare da solo». Era una voce che non ammetteva repliche e così l'ho lasciato e forse è stata la prima notte che ha dormito senza un pianto e al mattino aveva il suo solito sorriso. Ha voluto essere un bambino indipendente da subito, eppure tenerissimo, molto fisico, sempre pronto ai baci e agli abbracci stretti. E ancora adesso, che è un giovane uomo che si cerca, mi parla a grugniti e si allontana rabbioso, fa da sé, ma poi torna a baciarmi come se ci avesse separato una vita intera, mi guarda negli occhi e mi dice: «Non lasciamoci mai». La morte di suo padre ci ha uniti moltissimo, ci ha "aggrappati alla vita", come ripete da quando ha undici anni, ci ha fatto fratelli. Avevamo tante persone intorno, parenti, amici, ma nessuno poteva davvero aiutarci, nessuno capirci. Abbiamo dovuto rinascere, da soli. Siamo diventati, mi è parso, qualcosa di diverso da madre e figlio, siamo diventati compagni, riferimento primo e solo della vita di entrambi, riva che accoglie confidenze e paure. Ci siamo presi in giro e ci siamo sorretti, abbiamo discusso di tutto. Ma non c'è mai stata morbosità, e pure era dietro l'angolo, lo so. So che questa possibilità c'era, ma so anche con altrettanta certezza che non ci siamo mai caduti, che i ruoli, in fondo, sono stati rispettati sia pure in tutta quella segreta complicità: una madre, debole, fragile, contraddittoria, incerta e un figlio che cresce e cambia e si fa grande, la fine delle elementari, l'esame di terza media, il liceo e un'altra città per essere stranieri. Ci ha salvati l'ironia, credo, e anche l'intelligenza. Lo dico anche se può sembrare presunzione. Chissenefrega della presunzione. Però adesso che lo strappo è arrivato, deciso, come quella volta che è partito in bici a razzo senza rotelle, non sono preparata. Quando è successo? E io dov'ero? Lo guardo dormire. È grande, persino grosso, il letto gli sta stretto. Sono stata la sua compagna di giochi, l'avversario nella lotta tra i cuscini e ci siamo menati davvero, lui è stato il mio compagno di cinema, film complicati per un bambino e sempre mi ha suggerito un punto di vista inaspettato, il mio socio lamentoso – ma poi ci siamo persi in mille scoperte – di camminate sulle colline. Mi ha vista abbattuta, sfigurata dal pianto e poi mi ha visto ridere, fare pazzie, inventare vacanze, imporre regole calviniste, urlare, distruggere cellulari, ballare, fare con lui i compiti di scuola, mi ha vista mezza ubriaca, affannata a ricostruirmi una vita, amicizie passeggere, cercare persino un altro uomo, mi ha vista lavorare tanto di questo lavoro strano che mi lega a una tastiera e a uno schermo e a fare parole in giro. Però mi ha vista sempre al suo fianco, con la mia solidità sghemba. Lui cresceva e io invecchiavo, me ne accorgo adesso, ma mentre succedeva non me ne accorgevo. E il tempo è volato.

Non c'è nessuno che ti insegna a essere madre, a un certo punto il tuo corpo è pronto e tu lo diventi, con addosso le croste di te bambina, le cancrene della tua, di infanzia, le colpe di tua madre, gli errori che ti prometti di non voler ripetere e quelli solo tuoi che stanno in agguato e che segneranno un'altra vita, daranno lavoro agli psicologi, creeranno disastri e meraviglie.

Lo guardo, lo amo. Lo assolvo, mi assolvo.

Ringrazio chi mi ha sopportato in questo lungo tira e molla di volere e non volere, chi ha letto le mie parole prima che diventassero pubbliche e mi ha dato la sua stampella. Ringrazio mia mamma, Nicola, Luigi e Matteo, Enrica, Paolo, Francesca, Gianbeppe, Raffaella, Giuseppe, Alessandro, Guido. Sopra tutti ringrazio Gianmaria. E poi Carlo e Ada, perché senza di loro non ci sarebbe il libro.

Indice

In questa collana:

Leo Lionni **La botanica parallela** *(due edizioni)*
Carlo Fruttero **La linea di minor resistenza** *(due edizioni)*
Age & Scarpelli Mario Monicelli **Brancaleone** *(due edizioni)*
Altan **Cico&Pippo**
Altan **Gordo**
Altan **Colpi di coda** *(due edizioni)*
Stefano Disegni **L'ammazzafilm** *(quattro edizioni)*
Marion Fayolle **Gli amanti** *(sette edizioni)*
Jacopo Fo **Lo Zen e l'arte di scopare** *(tre edizioni)*
Giovanni Previdi, Alessandro Sanna **Lettori** *(due edizioni)*
Pierre Riches **Note di catechismo per ignoranti colti** *(due edizioni)*
Altan - Benni **10 Teorie sull'estinzione dei dinosauri** *(due edizioni)*
Roque Larraquy, Diego Ontivero **Rapporto sugli ectoplasmi animali di Buenos Aires**
Leo Lionni **Elementi di botanica parallela**
Agostino Tràini **Che fretta c'è** *(due edizioni)*
Margherita d'Amico, Manuela Leno **Conosco i miei polli**
Alfred Jarry, Andrea Rauch **Ubu Re** *(due edizioni)*
Altan **Bestie umane**
Marion Fayolle **L'uomo a pezzi**
Furio Scarpelli **Passioni**
Alfred Jarry, Andrea Rauch **Ubu incatenato**
Stefano Disegni **L'ammazzafilm è tornato. Per finire il lavoro**
Marion Fayolle **Gli amori sospesi**
Franz Werfel **Il canto di Bernadette** *(tre edizioni)*
Altan **La Luisa**
Andrea Perrucci, Andrea Rauch **La cantata dei pastori**
Altan **Papi Mami Bebi**
Marino Bartoletti **La cena degli dei** *(sette edizioni)*
Julio Cortázar, Gianluigi Toccafondo **Il tango del ritorno**
Marion Fayolle **I figli** *(due edizioni)*
Francesco La Rocca, Moisi Guga **Interno corte** *(due edizioni)*
Marino Bartoletti **Il ritorno degli dei** *(due edizioni)*
Paola Farinetti **Tuffi di superficie**

Altan
PAPI MAMI BEBI
96 pagg.
ISBN 978-88-3624-027-2
euro 10,00

"Una raccolta d vignette sulla famiglia che condensa in due righe e in pochi tratti la potenza devastante della grande satira"

Valentino Picone, *Striscia la notizia*

"Chi non ha nel suo repertorio fisso almeno un paio di battute di Altan, non sa cosa si perde"

Michele Serra

"Francesco Tullio Altan è l'unico autore italiano di satira capace di coniugare il disincanto più definitivo possibile con il candore sempre resiliente della fiaba"

Marco Bracconi, *Robinson -la Repubblica*

"Con acume e impietosa tenerezza, questo ritirato signore di cui molti ignorano il volto ma conoscono il graffio, ha conservato il lusso di volare sull'umana debolezza"

Malcom Pagani, *il Fatto Quotidiano*

"Si potrebbe mettere in piedi una contro-storia d'Italia secondo Altan"

Paolo di Paolo, *L'Espresso*

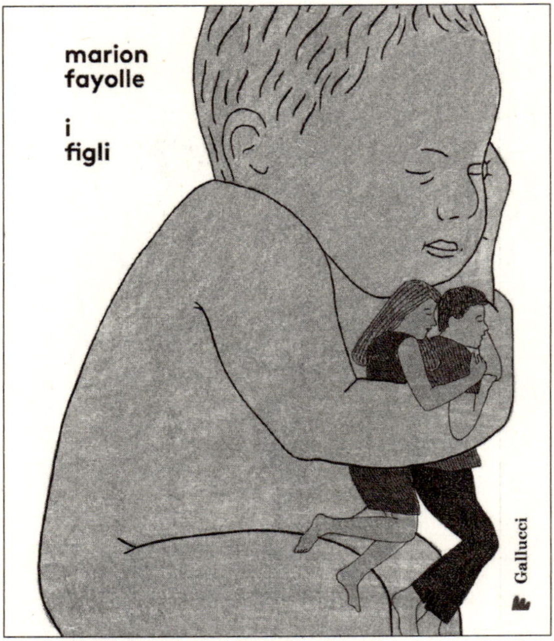

Marionne Fayolle
I FIGLI
98 pagg.
ISBN 978-88-3624-184-2
euro 15,00

"La mano davvero fatata della disegnatrice francese Marion Fayolle arriva in libreria"
Libero

"I libri di Marion Fayolle rappresentano un brillante catalogo muto"
Nadia Terranova, *Doppiozero*

"Marion Fayolle, la cavallerizza naïf e irregolare"
Gaetano Moraca, *Style Magazine*

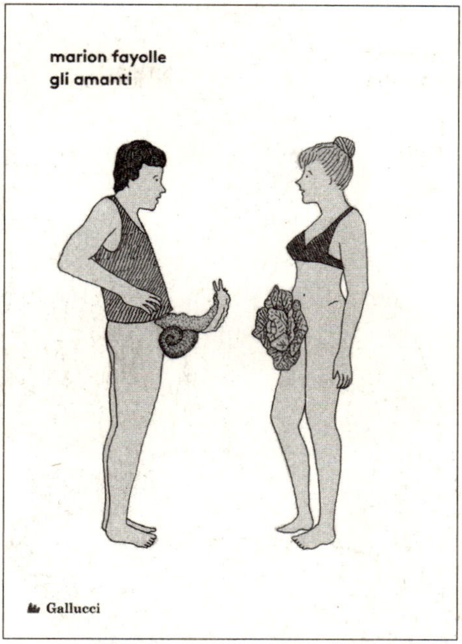

Marionne Fayolle
GLI AMANTI
98 pagg.
ISBN 978-88-6145-841-3
euro 10,00

"Parlare di sessualità è spesso ancora un tabù o quanto meno imbarazzante, così per divertimento ho sovvertito questa concezione, prendendo l'erotismo come un gioco: i miei disegni sono molto ingenui, quasi infantili, e hanno l'obiettivo di far sorridere"

Marion Fayolle a *Style Magazine - Corriere della Sera*

"Le fantasie sessuali nate dalla mente creativa della giovane illustratrice francese Marion Fayolle sono traslatate nero su bianco dalla sua mano in *Gli amanti*".

Vanessa Perilli, *Marie Claire*

"Amori sublimi - Raccontare l'intimità in modo così mentale, lirico e insieme giocoso, oltre che fisico"

Libero

"Immagini delicate, giocose e perturbanti"

Linus

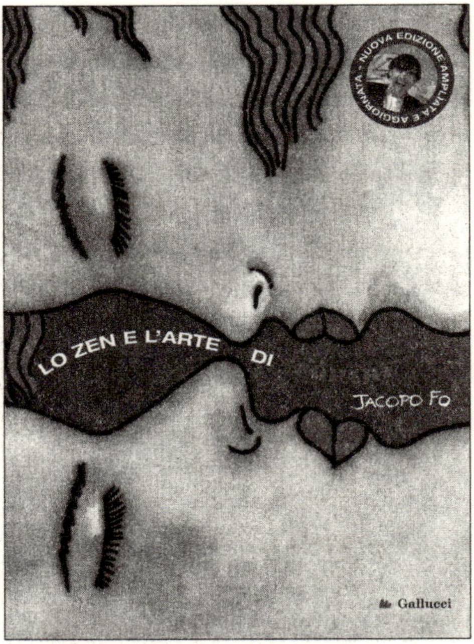

Jacopo Fo
ZEN E L'ARTE DI SCOPARE
160 pagg.
ISBN 978-88-6145-903-8
euro 12,90

"Con questo libro ho voluto rappresentare un'idea positiva dell'amore"

Jacopo Fo

Come fare impazzire le donne a letto (e gli uomini in piedi). Come si fa dalla A alla Z. Dov'è il punto G. Dov'è che piace di più agli uomini… Un libro di sesso, perversione, deviazioni e atti di libidine.

Kyōko Hayashi
NAGASAKI
208 pagg.
ISBN 978-88-3624-210-8
euro 14,00

"Il pensiero dell'atomica non lascia mai i superstiti. Permane dentro di te, non lo consideri mai passato"

Kyōko Hayashi al quotidiano *la Repubblica*

"La scrittura di Kyōko Hayashi custodisce le parole di un infinito diario collettivo"

Il manifesto

"*Nagasaki* è poetico e struggente"

Il Sole 24 ore

"Kyōko Hayashi parla della necessità di andare avanti e di dimenticare i morti. Ma anche la consapevolezza che non bisogna cedere all'oblio. Perché non ci siano altre Hiroshima e Nagasaki nel mondo e nella storia"

Isabella Fava, *Donna Moderna*

Stampato per conto di Carlo Gallucci editore srl
presso Puntoweb srl (Ariccia, Roma)
nel mese di gennaio 2022